Ich lerne Ringen

Dieses Buch hat mir geschenkt: ______________________

Ich heiße: ______________________

Mein Geburtstag: ______________________

Meine Adresse: ______________________

____

Foto

Das mache ich gern: ______________________

____

Das mag ich nicht: ______________________

____

Das wünsche ich mir: ______________________

____

Ich lerne Ringen

Katrin Barth & Lothar Ruch

Sportwissenschaftliche Beratung:
Prof. Dr. paed. habil. Berndt Barth

Meyer & Meyer Verlag

Reihe „Ich lerne .../Ich trainiere ..."
Herausgeberin: Katrin Barth

Ich lerne Ringen

Bibliografische Information der Deutschen Nationalbibliothek
Die Deutsche Nationalbibliothek verzeichnet diese Publikation in der Deutschen Nationalbibliografie; detaillierte bibliografische Daten sind im Internet über https://www.dnb.de abrufbar.

3., überarbeitete Auflage 2024
Auckland, Beirut, Dubai, Hägendorf, Hongkong, Indianapolis, Kairo, Kapstadt, Manila, Maidenhead, Neu-Delhi, Singapur, Teheran, Wien

Member of the World Sport Publishers' Association (WSPA)

Gesamtherstellung: Print Consult GmbH, München

MIX
Papier | Fördert gute Waldnutzung
FSC® C084279
www.fsc.org

ISBN 978-3-8403-7923-9
E-Mail: verlag@m-m-sports.com
www.dersportverlag.de

Inhalt

Anmerkung:

Aus Gründen der besseren Lesbarkeit wird bei Personenbezeichnungen die männliche Sprachform verwendet. Gemeint ist sowohl die männliche als auch die weibliche und die diverse Form.

Das vorliegende Buch wurde sorgfältig erarbeitet. Dennoch erfolgen alle Angaben ohne Gewähr. Weder die Autoren noch der Verlag können für eventuelle Nachteile oder Schäden, die aus den im Buch vorgestellten Informationen resultieren, Haftung übernehmen.

Sollte diese Publikation Links auf Webseiten Dritter enthalten, so übernehmen wir für deren Inhalte keine Haftung, da wir uns diese nicht zu eigen machen, sondern lediglich auf deren Stand zum Zeitpunkt der Erstveröffentlichung verweisen.

Man sagt, ein Ringer ist stark wie ein Bär, schlau wie ein Fuchs und
... flink wie ein Wiesel!
Und da bin ich! Gestatten, das flitzeflinke Wiesel Fritz!
In diesem Buch erfährst du eine Menge über das Ringen und ich bin natürlich immer mit dabei! Gemeinsam haben wir bestimmt viel Spaß.

...... 1 Lieber Ringer, liebe Ringerin!

Ringen ist ein Sport für **alle Kinder**, denn ringen **kann jeder** und **überall**. Ob er nun ein Junge oder ein Mädchen, groß oder klein, leicht oder etwas kräftiger ist. Auch die Hautfarbe spielt keine Rolle und reich muss man auch nicht sein. Die Ängstlichen und Zurückhaltenden gewinnen an Selbstbewusstsein und die Selbstsicheren zeigen Rücksichtnahme und Geduld.

Du hast dich für einen tollen Sport entschieden, den viele, viele Menschen auf der ganzen Welt betreiben.

In diesem Kinderbuch zum Ringen haben wir viel Wissenswertes über deinen Lieblingssport aufgeschrieben. Wir begleiten dich bei den ersten Techniken im Stand und am Boden. Die geforderten Übungen, Stand- und Bodentechniken, sind dargestellt und erklärt. Natürlich braucht ein Ringer noch viele, viele weitere Informationen, die du auch in diesem Buch finden wirst.

Die Ziele der jungen Ringer sind unterschiedlich: Du willst sicherer auftreten, etwas Besonderes lernen, viele Techniken erlernen oder einmal ein sehr erfolgreicher Sportler werden. Bestimmt macht es dir auch Spaß, deine Freunde zu treffen, Spaß zu haben und gemeinsam zu üben.

Ist Ringen der richtige Sport?

Hier stehen einige Gründe, warum Kinder gern zum Ringen gehen. Was trifft auf dich zu? Kreuze „JA“ oder „NEIN“ an!

	JA	NEIN
Sport macht mir viel Spaß.	☐	☐
Sport ist gesund.	☐	☐
Ich bin gern mit anderen Kindern zusammen.	☐	☐
Ich kann mutig kämpfen.	☐	☐
Ich kann schnell reagieren.	☐	☐
Ich kämpfe gern und möchte gewinnen.	☐	☐
Meine Familie oder Freunde sind auch beim Ringen.	☐	☐
Ich schaue mir gern Ringkämpfe an.	☐	☐
Ich möchte etwas Besonderes lernen, das nicht jeder kann.	☐	☐
Ich möchte selbstbewusster sein.	☐	☐
Ich möchte mich in der Not selbst verteidigen können.	☐	☐
Ich möchte einmal ganz erfolgreich und bekannt werden.	☐	☐

Sind die meisten Fragen mit „JA“ beantwortet, dann hast du die richtige Sportart für dich gewählt. Vielleicht kannst du mal ein guter Ringer werden.

Dieses Büchlein soll dein Begleiter beim Ringenlernen sein. Aber auch im Ringen gibt es unterschiedliche Lehren und Schulen. So kann es manchmal zu Abweichungen bei der Technik und bei den Bezeichnungen kommen. Es kann schon mal passieren, dass wir etwas anders sehen, als es dein Übungsleiter, der Trainer oder ein erfahrener Ringer dir sagen. Dann frage einfach nach. Wenn es dein eigenes Buch ist, dann mache dir Notizen und benutze es wie ein Trainingstagebuch.

Wenn wir hier meistens nur von Ringer, Trainer und Kampfrichter sagen, dann sind natürlich nicht nur die Jungen und Männer gemeint, sondern immer auch alle Mädchen und Frauen.

Viel Spaß beim Ringen wünschen dir
Fritz und die Autoren.

Wiesel Fritz hilft!

Im Buch wirst du diese Zeichen häufig finden. Wie du ja weißt – das kleine Wiesel Fritz hilft dir und ist immer an deiner Seite!

Wenn Fritz den Daumen nach oben streckt, dann hat er einen guten Tipp für dich.

Beim Fragezeichen wird es ganz schön knifflig! Hier hat Fritz Rätsel oder Aufgaben für dich.

Die Lösungen und Antworten findest du am Ende des Buches.

Siehst du das Wiesel mit einem Stift, dann gibt es was zum Eintragen oder Ausfüllen.

Das große „Ü" steht für Übung. Hier stellt Fritz einige Übungen vor, die du auch außerhalb des Trainings daheim und im Urlaub ausführen kannst. Sie ersetzen natürlich nicht das Üben in der Trainingsgruppe, sind aber eine gute Ergänzung.

Vielleicht machen auch deine Freunde, Geschwister oder Eltern mit.

Ist dies dein eigenes Buch, kannst du es wie ein Trainingstagebuch verwenden. Fortschritte und Ziele werden eingetragen. Bist du dann ein erfahrener Ringer, kannst du hier mit Freude nachlesen, wie alles angefangen hat. Wenn du willst, dann klebe Fotos von dir oder deinen Freunden ein und sammle Unterschriften.

Hier kannst du ein schönes Foto von dir einkleben.

2 Wie es mit dem Ringen anfing

Hast du schon einmal kleine Kätzchen, Hunde oder Bären beim Balgen beobachtet? Es scheint ihnen Freude zu machen – vielleicht geht es aber auch um den schönsten Sonnenplatz, das leckere Futter oder um zu zeigen, wer der Stärkste ist!

So wie die Tiere ihre Kämpfe austragen, haben auch die Menschen schon immer gekämpft. Es ging um die Freude am Kämpfen – aber auch um Macht und Eroberung sowie die Verteidigung gegen Angriffe und den Schutz der Familie. Das Kämpfen hat sich bald zu einem interessanten Sport entwickelt.

Welche Kampfsportarten kennst du außer Ringen noch? Hier kannst du sie aufschreiben! Unsere Ideen findest du auf der Lösungsseite.

Im Sport geht es um das geschickte Anwenden der gelernten Technik. Du willst deinen Gegner besiegen – aber auf keinen Fall verletzen! Dafür gibt es im Ringkampf wichtige Regeln, an die sich jeder halten muss.

Eine der ältesten Sportarten

Ringen ist eine der ältesten Sportarten in der Welt. Du fragst dich vielleicht, woher wir das wissen? Forscher haben auf ihren Expeditionen in fremde Länder uralte **Wandbilder** entdeckt. Die ältesten sind **über 4.000 Jahre** alt. Sie wurden in **Ägypten** in den Gräbern mächtiger Könige gefunden.

Nachzeichnung einer Malerei aus dem Grab des Fürsten Baqti I. in Beni Hasan, 2100 v. Christi

Auf diesem Wandbild mit den beiden Ringerpaaren sind wichtige Griffe und Beintechniken dargestellt. Der Maler kannte sich bestimmt sehr gut im Ringkampf aus, weil er die Szene so gut darstellen konnte. Damit man die Ringkämpfer besser unterscheiden kann, wurden sogar verschiedene Farben verwendet. So wird es auch in unserer Zeit noch mit den unterschiedlichen Ringertrikots gemacht.

Ringen bei den Griechen

Schon in griechischen Göttersagen wird von Ringkämpfen der Helden erzählt. Im alten Athen vor über 2.500 Jahren gab es die ersten **Ringerschulen**. Der Ringkampf galt als Kunst und die Ringkämpfer wurden dort sehr gut ausgebildet. Sie brauchten eine hervorragende Kondition, perfekte Technik und Intelligenz.

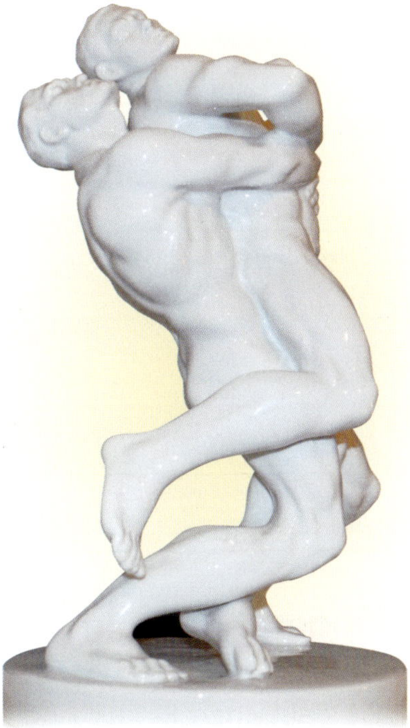

Die große Bedeutung des Ringkampfs zeigt sich in den vielen Darstellungen auf Wandverzierungen, Vasen und Schalen. Plastiken zeigen die Schönheit des Sports und der durchtrainierten Körper.

Der Ringkampfsport war immer ein wichtiger Bestandteil der **Olympischen Spiele**. Im griechischen Fünfkampf wurde das Ringen als letzte und entscheidende Disziplin ausgetragen. Später kam der Spezialringkampf als eigener Wettkampf hinzu.

Ringen bei den Römern

Bei den Römern war der Ringkampf oft nur ein Kämpfen auf Leben und Tod. Wenn es in der Schlacht keine Waffen mehr gab, half nur noch der Ringkampf Mann gegen Mann. Auch in der großen Arena haben die Gladiatoren vor jubelndem Publikum gekämpft.

Die mit Säulengängen umrundete Trainingsfläche im Freien wurden *Palästra* genannt.

Das Foto zeigt die Ruine eines Palästra in Pompeij/Italien. Diese Trainings- und Kampffläche wurde 79 nach Christus durch einen Vulkanausbruch zerstört und jetzt wieder ausgegraben.

Ringen heute in Deutschland

Alle deutschen Ringer sind im Deutschen Ringer-Bund e. V. organisiert. Der **Deutsche Ringer-Bund e. V. (DRB)** wurde 1972 gegründet und sein Hauptsitz ist in Dortmund.

Verantwortlich für den Schulsport, den Breitensport und den Nachwuchssport im Ringen sind die jeweiligen Landesfachverbände im Ringen, besonders die Ringervereine. Im Ringen in Deutschland sind dem Spitzenverband 19 Landesfachverbände angeschlossen.

Willst du noch mehr wissen, zum Beispiel zu Wettbewerben oder wo es einen Ringerverein in deiner Nähe gibt, dann schau doch mal im Internet bei deinem Ringer-Landesfachverband oder unter www. ringen.de nach.

Piktogramme

Im Fernsehen, in der Zeitung, auf Aufklebern oder auf Plakaten hast du bestimmt schon oft gesehen, dass Sportarten durch ganz einfache Zeichnungen oder Symbole dargestellt werden.

Diese Zeichen nennt man **Piktogramme**. Die Zeichnung ist oft nur mit einfachen Linien gezeichnet und trotzdem erkennt jeder sofort die richtige Sportart.

Rechts siehst du ein solches Piktogramm für Ringen.

Hier kannst du ein anderes Ringerlogo einkleben oder selbst zeichnen. Wie würdest du mit ganz einfachen Strichen Ringen darstellen? Hier ist Platz für deine Ideen!

KAZ
BAYAKHMETOV
BAUERFEIND

3 Hallo, Frank!

Name: *Frank Stäbler*
Geboren: *27. Juni 1989 in Böblingen*
Maße: *174 cm/74 kg (Normalgewicht)*
Sportart: *Ringen griechisch-römischer Stil, 66 kg*
Verein: *KSV Musberg*
Erfolge: *Einer der erfolgreichsten Ringer in Deutschland: Vielfacher Deutscher Meister, Europameister (2012,2020); dreifacher Weltmeister in unterschiedlichen Gewichtsklassen (2015, 2017, 2018); Bronzemedaille bei den Olympischen Spielen 2020.*

Danke, dass du für unser Buch ein Interview gibst! Wie bist du zum Ringen gekommen?

Das ist eine witzige Geschichte: Ich war drei Jahre alt und mein Bruder fünf. Meine Mutter wollte mit uns zum Kinderturnen, aber der Kurs war leider voll. Da schauten wir ein paar Räume weiter zum Musberger Ringerkindergarten. Dort blieben wir – so begann alles!

Was findest du so toll am Ringkampfsport?
Es ist ein Kämpfen nach Regeln. Da kann man sich auf faire Art und Weise mit seinen Freunden und Gegnern messen.

Was war dein größter Erfolg und dein schönstes sportliches Erlebnis?
Auf jeden Fall ist jeder Titelgewinn ein schönes Erlebnis! Aber mein allerschönster sportlicher Moment war der Gewinn der dritten Weltmeisterschaft. Ich weiß es noch als sei es gestern gewesen. Im Finale in Budapest waren über 8.000 Zuschauer und alle gegen mich, da ich dem Ungarn Balint Korpasi gegenüberstand. Die Luft brannte. Aber ich fühlte, ich könnte ihn besiegen und damit Geschichte für die Ewigkeit schreiben. Ein Gefühl, dass nur schwer in Worten zu beschreiben ist.

Mein emotionalster Sieg hingegen war bei den Olympischen Spielen in Tokio, mein letzter Kampf, meine allerletzte Chance. Es war so befreiend und wunderschön, mir noch meinen letzten Traum von der olympischen Medaille erfüllt zu haben.

Das Foto ist vom letzten großen Wurf meiner Karriere im kleinen Olympischen Finale gegen den Georgier Ramsa Soidse. Der Wurf ins Glück!

Was muss ein guter Ringkämpfer können?
Das ist das Schöne an diesem Sport: Ein Ringer muss alles können! Er braucht Kraft, Schnelligkeit, Koordination, Beweglichkeit, eine gute Technik und muss taktisch klug sein.

Was sind deine Stärken?
Ich bin technisch sehr vielseitig. Das macht mich für den Gegner schwer ausrechenbar. Ich denke immer: Wer kämpft, kann verlieren, aber wer nicht kämpft, hat schon verloren!

Hast du auch manchmal keine Lust zum Training? Was machst du dann?
Diese Momente gibt es auch bei mir ab und zu mal. Ich denke dann immer an den Satz von meinem Vorbild und Trainer Andreas Stäbler: „Wenn man sich fit und gut fühlt, kann jeder trainieren! Wenn du aber etwas Besonderes werden möchtest, musst du dich auch besonders verhalten!" Das bedeutet für mich – wenn ich etwas erreichen will, muss ich auch trainieren, wenn ich mich nicht so gut fühle! Das habe ich einigen anderen voraus!

Wie bereitest du dich auf einen Wettkampf vor?
Keine Partys, kein Alkohol und rechtzeitig ins Bett. Ich konzentriere mich voll auf den Wettkampf, um all meine Energie im richtigen Moment abrufen zu können. Ich lasse alles draußen, was mich von meinem Ziel ablenken kann.

Welchen Tipp hast du für junge Ringer?
Suche dir ein großes Ziel! Auch wenn es im Moment noch schwer erreichbar erscheint, musst du Vertrauen in dieses Ziel und in dich haben! Wenn du es wirklich willst und täglich dein Bestmöglichstes dafür gibst, dann wirst du es auch früher oder später erreichen.

Viel Spaß beim lesen.
Und niemals vergessen:
#Nevergiveup
& #DreamBig
Dein Frank

Nach der olympische Bronzemedaille hat Frank Stäbler 2021 seine sportliche Laufbahn beendet. Er hilft jetzt andern Sportlern als Mentaltrainer, hält Vorträge und arbeitet an Projekten mit Kindern. Er ist auch Buchautor. Willst du noch mehr über Frank Stäbler wissen, dann schau doch mal ins Internet.

Hier schaut der Trainer Thomas Zander den jungen Ringern vom Mattenrand aus zu. Er selbst war einer der erfolgreichsten deutschen Ringer im griechisch-römischen Stil. Als Athlet vom damaligen Bundestrainer Lothar Ruch war er Weltmeister, viermal Europameister und gewann die Silbermedaille bei den Olympischen Spielen 1996 in Atlanta.

. . . 4 Ohne Fleiß kein Preis

Sicher hast du auch schon einmal davon geträumt, wie es ist, der Beste zu sein. Alle staunen über deinen Kampfgeist, deine Konzentration und deine perfekte Technik. Du beobachtest deinen Gegner, erkennst seine Schwächen und spielst deine Stärken aus.

Die Fans bestürmen dich und fragen nach Autogrammen. Du nimmst dann die Glückwünsche deiner Mannschaftskameraden, deines Trainers, deiner Fans, deiner Freunde und deiner Eltern entgegen ...!

Aber, stopp! Nur auf der Wiese liegen und vom Erfolg träumen, reicht nicht!

Wenn du ein guter Ringer werden willst, ein beliebter Übungspartner oder vielleicht auch ein erfolgreicher Wettkämpfer, dann musst du viel und fleißig üben. Das ist nicht immer einfach und macht auch nicht immer gleich viel Spaß.

Denke daran:
Vor dem Erfolg steht der Fleiß!

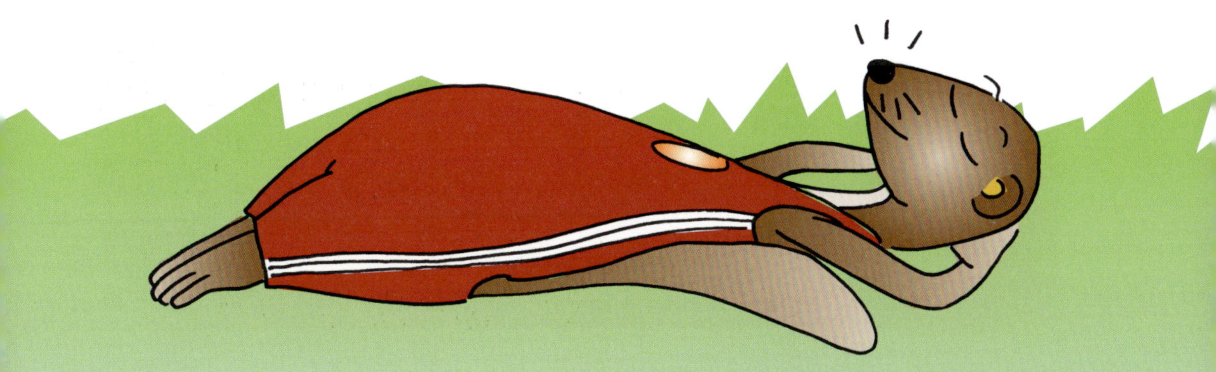

Ziele setzen

Wenn du mit dem Ringen beginnst, willst du etwas Besonderes lernen, Freunde treffen und natürlich Spaß haben. Klar macht einfach nur irgendwie kämpfen Spaß – aber nicht sehr lange! Du möchtest, dass die Angriffe immer besser klappen und du auch am Boden erfolgreich bist.

Verlieren gehört zum Sport dazu, aber keiner will immer nur verlieren. Deshalb stellst du dir Ziele für deine Trainingsübungen, Kampfspiele und Trainingskämpfe. Vielleicht hast du auch schon daran gedacht, beim nächsten Turnier zu starten oder mal sehr erfolgreich zu sein.

Was willst du? Wenn du kein Ziel hast, wird das Üben bald langweilig. Du steckst dir also immer wieder neue Ziele.

Da gibt es die „kleinen" und nahen Ziele:

In der nächsten Trainingsstunde gelobt zu werden oder endlich die neue Technik zu beherrschen.

Es gibt auch Ziele, die etwas ferner sind:

Beim Turnier zu starten und einen guten Platz zu belegen.

Und natürlich haben auch einige Ringer das ganz große Ziel:

Später bei Weltmeisterschaften und Olympischen Spielen erfolgreich zu sein.

Warum bist du Ringer geworden? Was sind deine Ziele? Was möchtest du erreichen?

Wie erreiche ich meine Ziele?

Viel möchtest du erreichen, aber wie kannst du zu deinen Zielen gelangen? Auf jeden Fall viel auf der Ringermatte kämpfen. Dazu kommen aber auch das Techniktraining und die Ausdauer- und Kraftübungen, die der Trainer mit euch durchführt. Auch die Ringkampfregeln solltest du kennen, um klug ringen zu können. Bestimmt ist einiges dabei, das dir nicht so viel Spaß macht. Manches erscheint dir langweilig und viel zu anstrengend. Aber alle diese Übungen helfen dir, deine Ziele zu erreichen.

Wie oft muss ich üben?

Es ist wie mit allen Dingen im Leben – nur wer fleißig übt, wird Erfolg haben! Erst wenn es etwas anstrengend ist und du dich sehr konzentrieren musst, wirst du immer besser. Solange die Übungen leicht und locker ablaufen, machst du nur das, was du sowieso schon kannst.

Du musst dich also mühen und anstrengen, um einen Fortschritt zu erreichen. Wenn du einmal längere Zeit nicht beim Training warst, wirst du merken, dass du vielleicht wieder etwas schlechter geworden bist. Du hast manches vergessen und bist nicht mehr so schnell und kräftig. Nun gilt es aufzuholen!

Also, je fleißiger und häufiger du übst, desto besser wirst du.

Eine gute Kondition ist wichtig

Oje, was ist denn mit Fritz los? Das Training hat doch eben erst begonnen und nach den ersten Kämpfen ist er schon total erschöpft!

Ist dir das auch schon passiert? Wirst du auch so schnell schlapp, unkonzentriert und kraftlos? Dann musst du etwas für deine **Kondition** tun!

Was ist Kondition?

Ringen ist keine Sportart, bei welcher der Sportler lange Strecken läuft, weit springt oder schwere Gewichte stemmt. So könnten einige denken, dass Kondition nicht so wichtig ist. Aber ganz im Gegenteil: Kondition ist sehr wichtig!

Bestimmt hat dein Trainer viele gute Ideen für ein abwechslungsreiches Konditionstraining. Laufübungen, Gymnastik und vieles mehr. Mache richtig mit, denn das alles ist gut für deine Kondition!

Was du brauchst

Eine gute **Ausdauer** brauchst du, um längere Zeit eine körperliche Anstrengung durchzuhalten. Beim Ringen kannst du konzentrierter kämpfen, deine Bewegungen sind schnell und nach einem Kampf bist du bald wieder erholt und bereit für den nächsten Gegner.

Für den Stand- und Bodenkampf brauchst du **Kraft** – aber auch, um deinen Gegner durch Schieben und Ziehen in die gewünschte Position zu bringen. Dabei musst du selbst immer das Gleichgewicht halten. Für den richtigen und festen Griff braucht ein Ringer kräftige Arme, Hände und Finger.

Ein Ringer muss blitzschnell reagieren, wenn er den Gegner schultern oder einen Angriff verhindern will. Nur wer seine Bewegungen schnell ausführt, kann erfolgreich sein. Dafür ist ausreichende **Schnelligkeit** nötig, die du im Training übst. Aber auch Reaktionsspiele, Ballspiele und Staffelspiele eignen sich gut.

Jede Technik im Ringen verlangt von dir ein gutes Körpergefühl und ausreichend **Beweglichkeit**. Du führst Bewegungen aus, die erst einmal ungewohnt und nicht alltäglich sind. Durch Gymnastik, Turnen und spezielle Dehnungsübungen wirst du dich vorbereiten.

Übungen

Viele Übungen für die Verbesserung deiner Kondition wirst du im Training machen. Aber auch außerhalb der Ringerhalle kannst du etwas tun. Hier haben wir dir einige Übungen zusammengestellt.

1 *Ausdauer*

*Um deine Ausdauer zu verbessern, eignen sich sehr **viele Sportarten**: Seilspringen, Joggen, Radfahren, Skateboard fahren, Ballspiele, Skifahren, Schwimmen und vieles mehr.*

2 *Kraft*

- *Auf Kinderspielplätzen findest du oft **Kletterstangen oder Kletterseile**. Wie oft kommst du hoch?*
- *Die Stangen vom Klettergerüst eignen sich auch prima für **Klimmzüge**.*
- *Alle **Stützübungen**, wie Handstand, Liegestütz, Schubkarrelaufen usw. kräftigen deinen Oberkörper, die Arme und Hände.*

Für jeden Bereich findest du noch viele weitere Übungen.

3 *Schnelligkeit*

Schnelligkeit kannst du mit vielen Sportarten trainieren, z. B.:

- *Seilspringen,*
- *Fangspiele,*
- *Ballspiele (Fußball, Handball, Basketball, Zweifelderball, ...).*

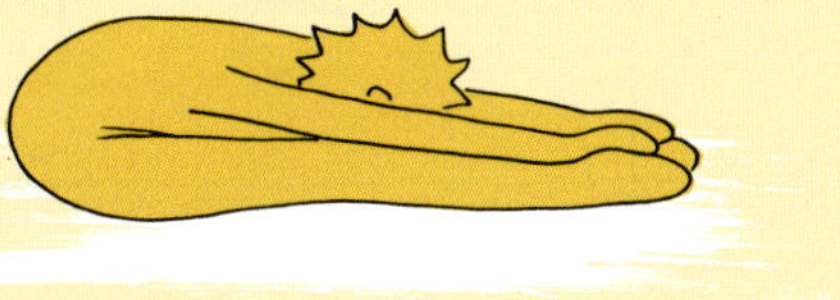

4 *Beweglichkeit*

- *Setze dich in den* ***Grätschsitz*** *und beuge deinen Oberkörper nach vorn. Kommst du mit dem Kopf auf die Knie?*
- *Setze dich in den* ***Hürdensitz*** *und beuge deinen Oberkörper zum gestreckten Bein, zur Mitte und zum angewinkelten Bein.*
- *Stelle dich auf eine Erhöhung und beuge dich weit nach unten. Ziel ist es, tiefer als die Standfläche zu kommen. Wie viele Zentimeter schaffst du unter die Standfläche? Lasse dir beim Messen helfen.*

Aufwärmen nicht vergessen!

1 *Schaue dir die beiden Zeichnungen an! Kannst du die neun Unterschiede finden?*

2 *Wie kommst du vom WIEGEN zum RINGEN? In jeder Zeile darfst du einen Buchstaben austauschen!*

W	I	E	G	E	N
			G		
		N			
R	I	N	G	E	N

Tom beobachtet Paul beim Üben.
Dann fragt er: „Du machst wohl gern Ringen?" „Klar!", meint Paul.
– „Und warum lernst du es dann nicht?"

Der Trainer fragt Tom: „Warum kommst du mit schmutzigen Händen zum Training?" „Ich habe keine anderen!", antwortet Tom.

5 Was du zum Ringen brauchst

Wer Ringen trainiert, will natürlich auch aussehen wie ein richtiger Ringer. Jeder soll sehen, dass du dazugehörst.

Was gehört dazu?

Ringer und Ringerinnen tragen zu Wettkämpfen ein Trikot in Rot oder Blau und Ringerschuhe. Für das Training reichen aber auch bequeme Sportkleidung und Stoppersocken.

Beim Kämpfen geht es um Geschicklichkeit und Klugheit. Kein Sportler darf sich beim Kämpfen wehtun oder sogar verletzen. Selten gibt es in Vereinen spezielle Ringerhallen. Meistens werden die Matten in der Turnhalle aufgebaut. Jeder sollte mithelfen und auf die Sauberkeit und Sicherheit der Unterlage achten.

Da Kinder schnell wachsen, kann ein Trikot auch gebraucht gekauft werden. Vielleicht gibt es in eurem Verein einen Flohmarkt, auf dem ältere Sportler ihre zu kleinen Trikots verkaufen wollen.

Das Trikot

Willst du an Wettkämpfen teilnehmen, brauchst du ein spezielles Ringertrikot. Das ist ein einteiliger, eng anliegender Anzug, der aus einem besonders eleastischen Material besteht. So kann nichts verrutschen und dem Gegner fällt es schwerer, dich zu fassen.

Damit der Kampfrichter und die Zuschauer beide Kämpfer besser unterscheiden können, trägt der eine Ringer ein rotes und der andere ein blaues Trikot.

Die Schuhe

Die speziellen Ringerschuhe sind rundherum abgerundet und haben keine harten Kanten.
Das ist wichtig, damit der Partner nicht verletzt wird. Für den festen Halt gehen sie über den Knöchel. Binde die Schnürsenkel fest und klemme die Enden gut unter den Klettverschluss.

Fürs Training

Kommst du zum Training, dann reicht ein T-Shirt und eine lange oder kurze Sporthose. Hast du noch keine Ringerschuhe, dann ziehe Sportschuhe oder Stoppersocken – also dickere Socken mit Gumminoppen an der Fußsohle – an!

Die Matte

Die Ringermatte besteht aus weichem Material mit einem Kunststoffüberzug. Der dunkelblaue Kreis zeigt dir die eigentliche Kampffläche mit dem Mittelkreis (Kampfbeginn). In die orangene Passivzone (gehört noch zur Kampffläche) solltest du dich nicht hineindrängen lassen! Die blaue Schutzzone dient als Auslauf. Oft werden auch noch die alten Matten mit den Farben gelb, rot und blau genutzt. Sie haben die gleichen Maße.

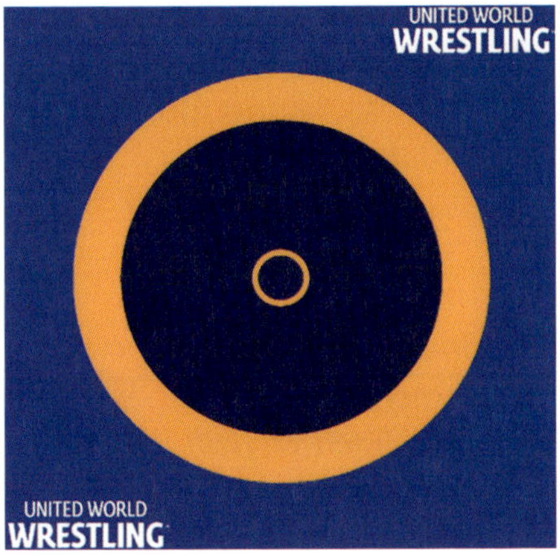

- *Die Gesamtkampffläche hat einen Durchmesser von 9 m.*
- *Die Passivzone (orange) ist 1 m breit.*
- *Der Mittelkreis hat einen Durchmesser von 1 m.*
- *Die blaue Schutzzone ist mindestens 1 m breit.*

Alles eingepackt?

Du bist ganz aufgeregt, weil es zum Wettkampf in eine andere Stadt geht. Du hast fleißig geübt und fühlst dich gut vorbereitet. Nun stelle dir aber vor, du kommst zum Wettkampfort, stehst im Umkleideraum, räumst deine Sporttasche aus und ... wo ist mein rechter Schuh? Er ist daheim – weit weg! Einfach vergessen! Du könntest dir vielleicht die Schuhe von deinem Freund borgen. Aber die sind etwas zu groß und du hast keinen festen Halt darin!

Deine Eltern könnten natürlich beim Taschepacken helfen, aber jeder Ringer ist selbst für seine vollständige und ordentliche Sportausrüstung verantwortlich!

Die Checkliste

Viele Sportler kennen das bange Gefühl, zum Training oder einem entscheidenden Wettkampf etwas zu vergessen. Deshalb ist es wichtig, alles rechtzeitig vorzubereiten. Packe deine Sporttasche am Abend zuvor, so kannst du beruhigt schlafen gehen.

Bei vielen erfolgreichen Sportlern hat sich eine Checkliste bewährt. Du schreibst alles auf, was du mitnehmen willst. Was eingepackt ist, bekommt ein Häkchen. Verwende einen Bleistift, damit du das Häkchen vor dem nächsten Packen immer wieder ausradieren kannst.

Meine Checkliste für den Wettkampf

- [ ] Trikot rot
- [ ] Trikot blau
- [ ] Ringerschuhe
- [ ] Socken
- [ ] Trainingsanzug
- [ ] Taschentücher
- [ ] Genug Getränke
- [ ] Essen für zwischendurch
- [ ] Handtuch
- [ ] Duschzeug
- [ ] Startausweis (wenn gefordert)
- [ ] ______________________________
- [ ] ______________________________
- [ ] ______________________________

Auf die leeren Zeilen schreibst du, was du sonst noch nicht vergessen darfst.

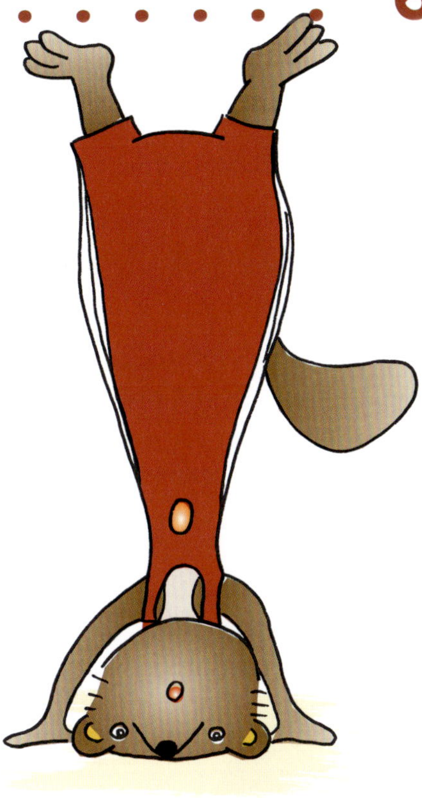

6 Was ein Ringer können muss

Vielleicht hast du dich schon gewundert, warum ihr im Ringertraining auch Turn- und Kraftübungen macht, euch in Staffelspielen gegenseitig tragen sollt oder lustige Kämpfe auf der dicken Matte macht. Der Trainer lässt euch laufen und springen oder wie Akrobaten balancieren.

Alles das ist richtig so und ganz wichtig, wenn du die Techniken gut lernen und ausführen willst.

In diesem Kapitel haben wir dir viele Ringerfähigkeiten mit einer Menge Übungen zusammengestellt. Bestimmt wirst du viel Spaß dabei haben und merken, wie du rundherum fitter wirst.

Die meisten Übungen kannst du außerhalb der Trainingszeit machen. Wenn du nicht allein üben möchtest, dann suche dir Freunde zum Mitmachen.

Kannst du zu den Grundlagen mindestens eine Übung vorführen (S. 68-71), dann sind die Bedingungen für den 1. Teil des Wieselabzeichens – Grundlagen erfüllt. Alles Wichtige dazu findest du auf Seite 113.

Ausgangsstellung der Ringer

Im normalen Stand stehst du so, dass du dich sicher fühlst und nicht das Gefühl hast, du fällst gleich um. Im Ringen ist das die **Ausgangsstellung oder Grundstellung**. Normalerweise hast du in der Grundstellung einen leichten **Ausfallschritt**. Deine Füße stehen also nicht eng zusammen, sondern ein Fuß steht etwas nach vorn. Der Partner macht das natürlich ebenso, denn er will ebenfalls einen stabilen Stand in der Ausgangsstellung haben.

Dein Oberkörper ist etwas nach vorne gebeugt, wenn du die Kampfübung mit deinem Partner beginnst. Die Fläche zwischen den Füßen nennt man *Stützfläche*. Eine sichere Stützfläche auf dem Boden ist wichtig für dein eigenes Gleichgewicht.

Zum Kampfbeginn

Zum Beginn des Kampfs stellen sich beide Ringer am Mittelkreis gegenüber. Sie stehen in **Distanz** (das ist ein weiter Abstand) oder in **Halbdistanz** (das ist ein näherer Abstand) voreinander.

Je nach Stilart versuchen sie, eine geeignete Ausgangsstellung zu erreichen, um dann eine der Grundtechniken anzuwenden. Mit kleinen Schritten nähern sie sich einander.

Beim Freistilringen

Hier ist die Körperhaltung mehr gebeugt. Die ersten Angriffe der Ringer gehen meistens direkt an die Beine des Gegners.

Beim griechisch-römischen Ringkampf

Hier haben die Ringer zu Kampfbeginn eine aufrechtere Körperhaltung. Sie versuchen, eine gute Ausgangsposition im gemeinsamen Griff mit dem Gegner zu erreichen, um eine Grundtechnik anzuwenden.

Immer im Gleichgewicht

Ziel im Standringen ist es, den Partner aus seinem Gleichgewicht zu bringen, ihn vom Stand in die Bodenlage zu überführen oder zu werfen. Du willst sein Gleichgewicht brechen und gleichzeitig natürlich selbst dein Gleichgewicht behalten. Durch Ziehen und Schieben kannst du das Gleichgewicht deines Gegners stören, sodass er seinen Stand nicht mehr aufrechterhalten kann, stolpert und zu Boden fällt.

Beim Ringen solltest du immer die **Stützfläche** unter den Füßen und die Lage deines **Körperschwerpunkts** beachten, das erleichtert die Übungen beim Erlernen der Grundtechniken. Der Körperschwerpunkt befindet sich im Stand ungefähr in der Nähe deines Bauchs. Frage deinen Trainer danach, er wird es dir genau erklären.

Du brauchst ein gutes Gefühl für deinen Körper. Das lernst du im Ringertraining und mit zusätzlichen Übungen. Einige davon zeigen wir dir auch im Buch.

Bewegungen eines Ringers

Die Fußstellungen und Schritte im Standringen können sehr unterschiedlich sein, je nachdem, wie du dich bei den Übungen oder im Kampf verhalten musst. Du willst dein eigenes Gleichgewicht erhalten und gleichzeitig das deines Partners stören. Deine wechselnden Fußstellungen während der Kampfhandlungen werden deshalb auch im Training geübt.

Bei der **parallelen Fußstellung** stehen deine Füße nebeneinander.

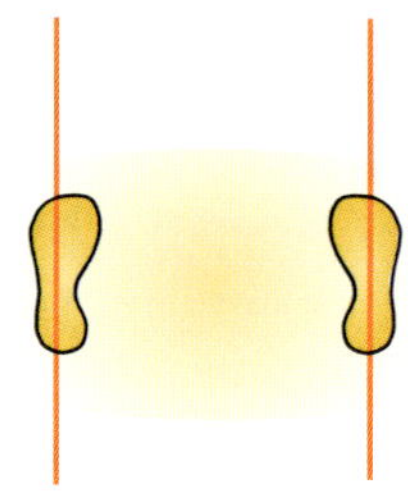

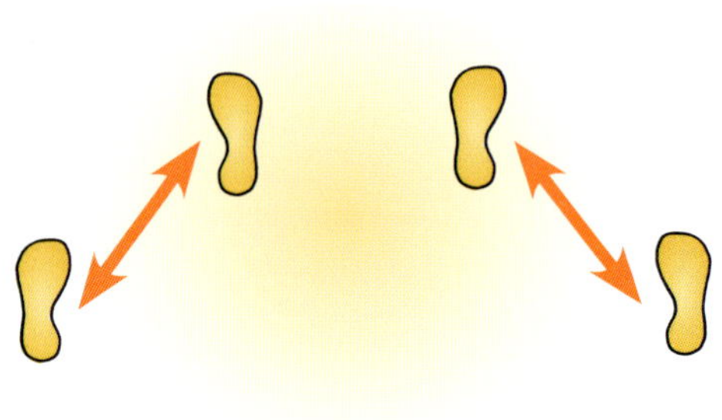

Nun kannst jeden einzelnen Fuß nach vorn oder nach hinten stellen. Du machst einen **Ausfallschritt**.

Für einen **Seitschritt** stellst du deinen Fuß einfach nur zur Seite.

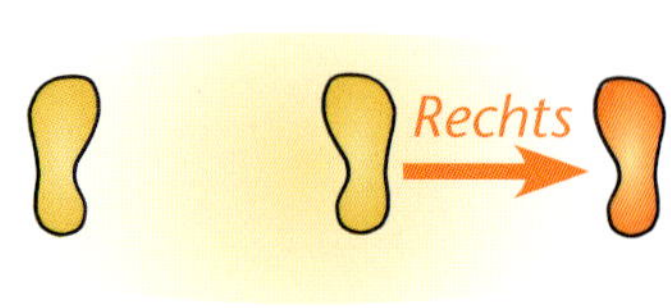

Im Ringertraining lernst du noch weitere Schritte, wie z. B. den Überholschritt, den Nachstellschritt und den Diagonalschritt. Bei allen Schritten und Schrittfolgen (das sind mehrere Schritte unterschiedlicher Art hintereinander) behältst du immer dein Gleichgewicht!

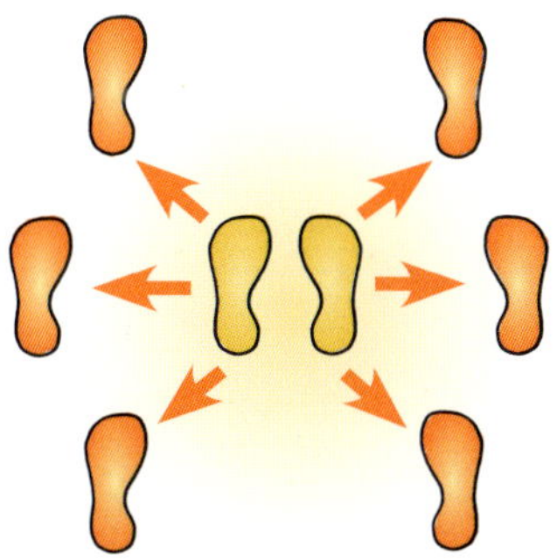

So sind Bewegungen in alle Richtungen – wie ein Stern – möglich.

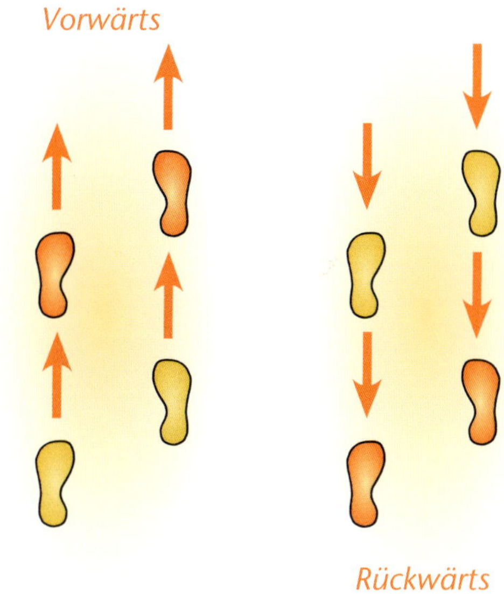

Beim **normalen Gehen** überholen sich die Füße wechselseitig. Bei den Ringerschritten werden die Füße nachgesetzt und haben dabei immer Kontakt mit der Matte. Achte auf dein Gleichgewicht!

Ringer sind erdverbunden! Achte immer darauf, dass du guten Kontakt zur Matte hast. Der Körper ist immer im Gleichgewicht.

Fassarten und Greifen

Um deinen Gegner in eine bestimmte Position zu bringen oder um ihn zu halten, musst du kräftig zufassen. Deine Hände sind sehr wichtig, um deinen Partner festzuhalten, ihn wegzudrücken oder an dich heranzuziehen. Deshalb gehören zu den Grundbewegungen der Ringer auch das Fassen und Greifen.

Hüftgriff

Ausgangsstellung

Beinschraube

Das Fassen und Greifen wird im Training immer wieder geübt.

Verbinde deine eigenen Hände zu einer Fassart. So kannst du deinen Gegner viel besser festhalten.

Hände fassen ineinander

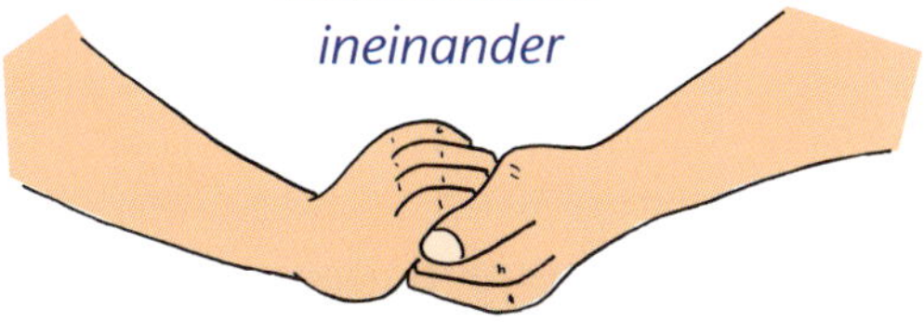

Hände fassen die Unterarme

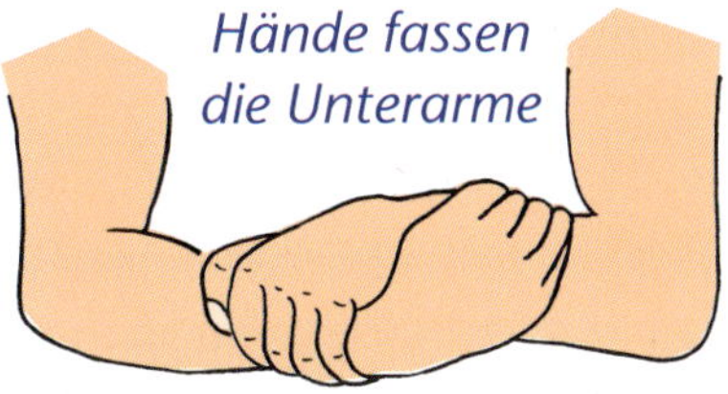

Beim *Beingriff von außen*, ein spezieller Griff, den du auch beim Erlernen der Techniken anwenden kannst, greifst du mit deinen Händen den Oberschenkel deines Partners und hebst das Bein nach oben. Mit dem richtigen und sicheren Griff kannst du deinen Gegner kontrollieren und durch Schieben und Ziehen aus dem Gleichgewicht bringen.

Abgehobenes Bein (Beingriff außen)

Griff zum Achselwurf

Je nachdem, was du vorhast und wie dein Gegner sich verhält, versuchst du, eine der verschiedenen Griffarten anzubringen. Diese wirst du nach und nach erlernen.

Bodenringen

Ziel im Bodenringen ist es, den Gegner in die Rückenlage zu bringen, um ihn zu schultern oder einen Wertungspunkt für eine Technik zu erringen.

Wenn du verhindern willst, dass dich dein Partner auf den Rücken dreht, musst du genau wissen, wie du dich verteidigen kannst, dein Gleichgewicht in der Bankstellung hältst und eine Schulterniederlage durch die Halbbrücke oder Brücke abwehren kannst.

Unterlage und Oberlage

Bei den Spiel- und Übungsformen sowie bei den Kampfübungen gibt es immer einen Partner in der Unterlage (Untermann) und einen in der Oberlage (Obermann).

Die Bezeichnung „Obermann" und „Untermann" gilt auch für die Kinder und Ringerinnen!

Der Untermann ist in Bauchlage.

Der Untermann ist in Bankstellung.

Manchmal befindet sich der Untermann auch im Vierfüßlerstand.

Der Obermann versucht, die gelernten Techniken sowie die unterschiedlichen Fassarten und Griffe anzuwenden.

Bauchlage

Wenn dein Gegner in Bauchlage ist, dann hast du mehrere Möglichkeiten, ihn in die Rückenlage zu drehen. Du wendest verschiedende Fassarten und Griffe an, um ihn durch Ziehen und Schieben an seinen Armen, Beinen, dem Oberkörper und Kopf in die Rücklage zu drehen (wälzen).

Die Beinschraube mit Überspringen ist eine schwierige Technik.

Dafür musst du verschiedene Griff- und Hebeltechniken sowie Schrittfolgen anwenden.

Bankstellung

Die Bankstellung wird im Bodenringen eingenommen, z. B. wenn der Kampf vom Kampfrichter in der Bodenlage angepfiffen wird.

Auch wenn dein Gegner in Bankstellung ist, hast du mehrere Möglichkeiten, ihn in die Rückenlage zu bringen. Du wendest verschiedene Fassarten und Griffe an, um ihn durch Ziehen, Schieben und Hebeln an seinen Armen, Beinen, dem Oberkörper und Kopf in die Rücklage zu drehen (wälzen).

Du kannst dem Gegner z. B. mit **Ausheben** oder mit **Armdurchzug** den Halt nehmen und in die Rückenlage wälzen.

Dafür musst du gut heben und tragen können.

Brücke und Halbbrücke

Du willst unbedingt verhindern, dass dich dein Gegner schultert. Du stemmst dich ihm entgegen, drehst dich und versuchst, aus der gefährlichen Situation zu entfliehen.

Halbbrücke

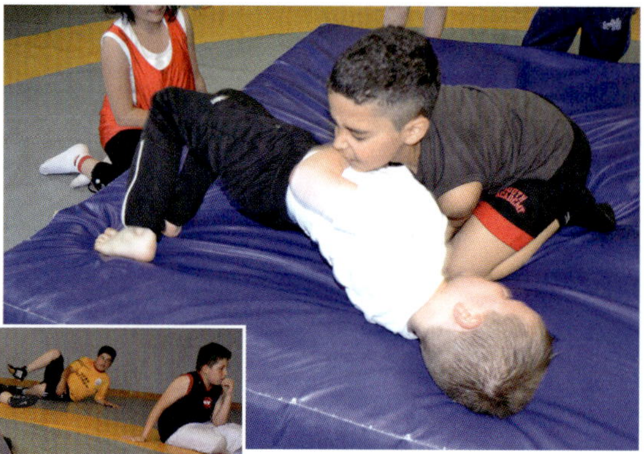

Brücke

Von den Bodenturnern abgeschaut

Viele Turner würden staunen, wie geschickt die Ringer im Bodenturnen sind. Es gibt eine Menge Turnübungen, die auch die Ringer immer wieder üben.

Das Fallen, Rollen, Stützen, der Kopfstand, die Brücke, der Handstand, das Rad, der Handstützüberschlag und viele andere turnerische Übungen sind im Ringen wichtig, um das Bewegungsgefühl, das Gleichgewicht und die Beweglichkeit zu verbessern.

Vielleicht übt dein Trainer auch schwierige Elemente, wie den Handstützüberschlag, eine Flugrolle oder gar einen Salto mit euch.

Achtet dabei immer auf die Sicherheit!

Welche Turnübungen kannst du schon sehr gut? Kreuze an und füge noch Übungen auf den freien Zeilen hinzu!

Rolle vorwärts	☐	*Rad*	☐
Rolle rückwärts	☐	*Brücke*	☐
Flugrolle	☐	*Standwaage*	☐
Kopfstand	☐	____________	☐
Handstand	☐	____________	☐

Welcher der drei Ringer tritt zu diesem Kampf an?

Die kleine Mia fragt ihren Bruder: „Sag mal, wie weit ist die Türkei eigentlich von uns entfernt?“ Dieser überlegt und antwortet: „Das kann nicht weit sein! Ich habe einen türkischen Trainingskameraden und der kommt immer mit dem Fahrrad zum Training.“

Im Kampf ruft plötzlich der eine Ringkämpfer: „Hilfe, ich habe kein Gefühl mehr im Bein!“ Darauf der andere: „Logisch, wenn du immer in mein Bein kneifst!“

Fit für die Ringertechnik

Ein Ringer muss flink, geschickt, kräftig, ausdauernd, reaktionsschnell, mutig und aufmerksam sein. Du willst im Standringen dein eigenes Gleichgewicht halten können und das Gleichgewicht deines Gegners möglichst früh stören. Am Boden brauchst du viel Kraft, um eine Technik anzuwenden. Über die wichtige Kondition haben wir schon in Kapitel 4 „Ohne Fleiß kein Preis" geschrieben.

Auf den nächsen Seiten findest du noch viele weitere Übungen. Dein Trainer hat bestimmt eine Menge gute Ideen für das Training. Doch diese Übungen sind besonders für daheim gedacht.

So kannst du üben

- Wärme dich auf.
- Suche dir eine passende Unterlage, wie Teppich, Wolldecke, Kissen, Isomatte usw.
- Achte darauf, dass du ausreichend Platz hast und nirgends anstößt.
- Für manche Übungen brauchst du Hilfe, z. B von Eltern oder Geschwistern. Das ist sicherer!
- Lasse dir einfache Trainingsgeräte zu Weihnachten oder zum Geburtstag schenken.

Ein großer Teil der Trainingszeit besteht aus Übungen, die dich für die Ringertechnik fit machen. Den meisten Ringern bereiten die Kampfspiele großen Spaß. Aber auch bei den anderen Übungen solltest du immer gut mitmachen.

Willst du besser werden und noch mehr erreichen, solltest du auch Übungszeit außerhalb des Trainings einplanen.

Schritte und Schrittfolgen

Für einen Ringer ist es wichtig, dass er Schrittfolgen flüssig und ohne Stolperer machen kann. Das kannst du üben.

1 *Schritte*

Gehe vorwärts, rückwärts, im Kreis, langsam, schnell oder mit Tempowechsel.

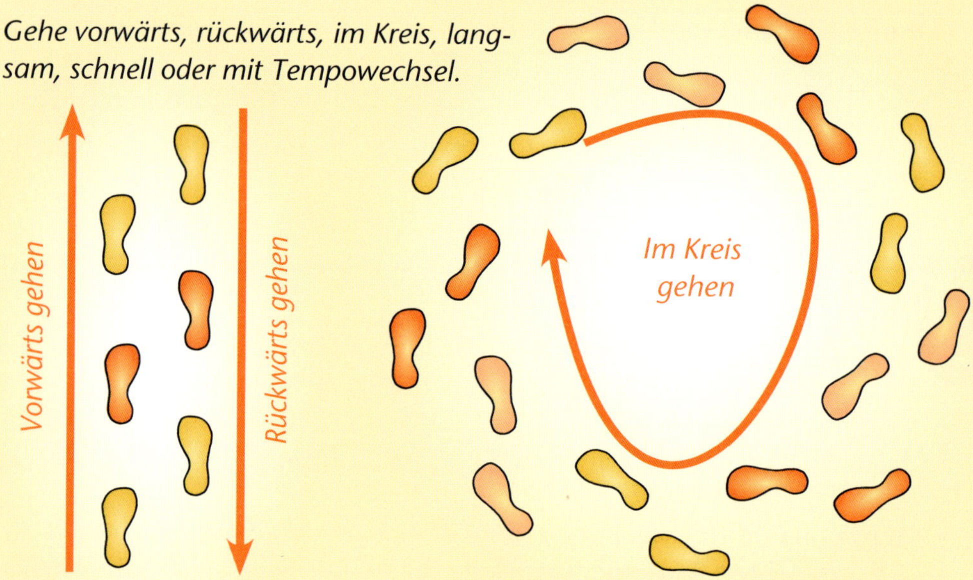

2 *Besondere Schritte*

Laufen mit

- *Kreuzschritt,*
- *Hüftdrehen,*
- *Nachstellschritt,*
- *Kreuzschritt,*
- *Entengang.*

Verändere dabei immer wieder das Tempo!

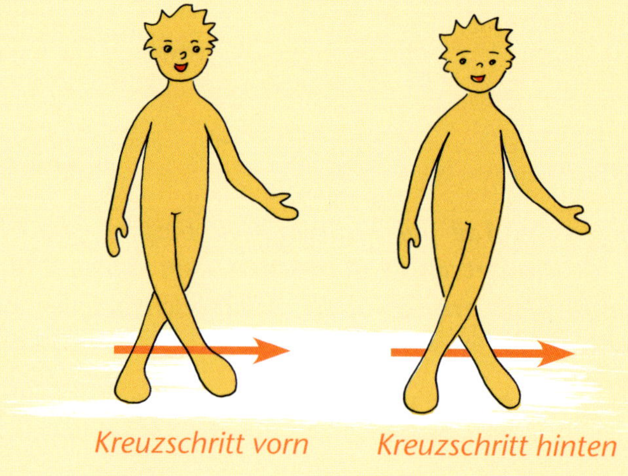

3 *Schrittfolgen*

Überlege dir selbst Schrittfolgen, die du (oder ein Übungspartner) absolvieren kannst.

4 *Sprünge*

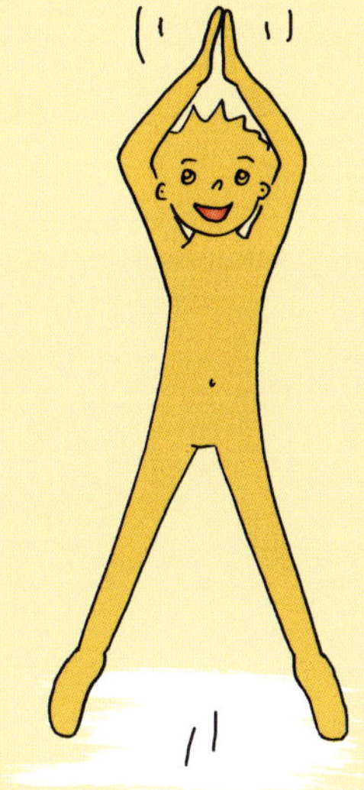

- *Springe vorwärts, rückwärts, im Kreis, langsam, schnell oder mit Tempowechsel.*
- *Hochstrecksprünge,*
- *Hampelmann,*
- *Einbeinsprünge rechts und links.*

5 *Mit Hindernissen*

Lege dir kleine Hindernisse auf den Untergrund. Über diese musst du bei deinen Schrittfolgen steigen und sie mit den Sprüngen überwinden. Versuche, nicht hinzusehen!

6 *Parcours*

Baue dir einen Parcours auf. Da gibt es Aufgaben zu Schrittfolgen, Sprüngen, Drehungen und Hindernissen.

Gleichgewicht

Möglichkeiten, um dein Gleichgewicht zu trainieren, findest du viele und überall. Suche dir eine kleine Mauer, einen liegenden Baumstamm oder einfach nur eine Linie auf dem Boden und balanciere darauf.

1 *Standwaage*

Stelle dich auf ein Bein und versuche, dich längere Zeit ohne Wackler oder Umkippen zu halten.

- *Hebe ein Bein zur Seite – dann das andere.*
- *Hebe ein Bein nach hinten – dann das andere.*
- *Hebe ein Bein nach vorn – dann das andere.*
- *Schließe die Augen dabei.*

2 *Balancieren*

Suche dir eine geeignete Möglichkeit zum Balancieren. Ein Ringer muss es auch im Vierfüßler- und Kniestand können.

- *Schließe die Augen dabei.*
- *Denk dir schwierige Herausforderungen aus.*

Übungen mit dem großen Übungsball

Eine gute Balance kannst du auf dem großen, aufblasbaren Gummiball üben. Am Anfang werden dir die Übungen nicht leicht fallen. Immer wieder rollt der Ball weg oder du fällst runter. Aber mit viel Ausdauer wirst du immer geschickter. Erspüre dein Gleichgewicht und lasse dir am Anfang helfen!

1 *Kniestand*

Beginne mit dem Kniestand auf dem Ball. Dafür kletterst du auf den Ball und versuchst, langsam die Hände zu lösen. Wenn du die Hände nach oben heben kannst, hast du es geschafft.

2 *Sitzen*

Etwas schwerer ist schon das Sitzen. Strecke die Beine oder setze dich in den Schwebesitz.

3 *Stehen*

Am schwierigsten ist der Stand auf dem Ball.

Denke dir noch weitere Übungen aus! Wie wäre es mit einer „Zirkusvorstellung" vor der Familie?

Rollen, Wälzen, Fallen

Das richtige und geschickte Wälzen und Fallen ist vor allem in den Kampfsportarten sehr wichtig. Solche Übungen werden oft ins Aufwärmtraining mit eingebaut. Aber auch außerhalb der Trainingsstunden kannst du üben.

1 Rollen

Mit Rollen vorwärts und rückwärts lernst du das richtige Abrollen und Fallen.

- *Die Hände werden neben dem Kopf aufgesetzt.*
- *Die Handflächen sind auf dem Boden.*
- *Lasse beim Rollen die Beine zusammen.*
- *Mache dich ganz klein und rund.*
- *Neige das Kinn zur Brust.*

Suche dir zum Üben eine weiche Unterlage. In der Sporthalle hast du weiche Matten und daheim den Teppich, eine Isomatte oder eine Gymnastikmatte. Auch eine dicke Decke kannst du unterlegen.

2 *Fallen und Abrollen*

Versuche es mit einer Flugrolle. Lege dir ein kleines Hindernis (T-Shirt, Handtuch, Ball) auf den Boden und rolle darüber. Oder du lässt dich einfach fallen und rollst ab.

3 *Rollen*

Lege dich lang auf den Boden und rolle um deine Längsachse nach rechts und links.

Das bereitet die Techniken in der Bodenlage vor. Da möchtest du den Gegner wälzen.

4 *Rollen mit Ball*

Nimm zum Rollen einen Ball oder anderen Gegenstand in die Hände.

Hast du solche Übungen schon oft ausprobiert, dann hast du weniger Angst, dir beim Fallen wehzutun.

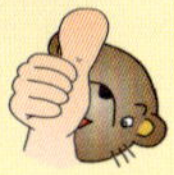

Stützen

Mit Stützübungen kannst du deine Arm- und Beingelenke stärken. Das hilft dir, die Techniken anzuwenden und dabei stabil zu bleiben.

1 *Vierfüßlergang*

Du läufst auf Händen und Füßen wie ein Wiesel
- *vorwärts,*
- *rückwärts,*
- *laufe mit einem Partner um die Wette,*
- *spielt im Vierfüßlergang Ball.*

2 *Krebsgang*

Du läufst rückwärts wie ein Krebs
- *vorwärts,*
- *rückwärts,*
- *laufe mit einem Partner um die Wette,*
- *spielt im Krebsgang Fußball.*

3 *An der Wand hochkrabbeln*

- *Du beginnst in Liegestützposition mit den Füßen an der Wand.*
- *„Wandere" mit den Füßen so weit wie möglich an der Wand hoch.*
- *Mit den Händen „läufst" du nach.*

Diese Übung ist sehr anstrengend und du musst viel üben, bis du es kannst!

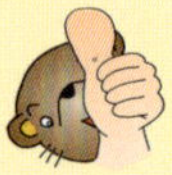

Mache eine Pause, wenn du nicht mehr kannst. Durch regelmäßiges Üben wirst du immer kräftiger.

4 *Schubkarrengehen*

Dein Partner hält dich an den Füßen. Der Po ist höher als die Schultern – mache keine „Hängebrücke"!

- *Gehe etwa 3-5 m, ohne einzubrechen.*
- *Versuche, Treppen hinaufzulaufen oder Hindernisse zu überwinden.*

5 *Handstand*

- *Du kannst den Handstand (wie beschrieben) gegen eine Wand machen oder*
- *du lässt dich halten.*
- *Wenn du allein stehst, kannst du auch versuchen, ein paar „Schritte" zu gehen.*

Helft euch gegenseitig! Achtet dabei immer auf den Partner und unterstützt ihn bei den Übungen.

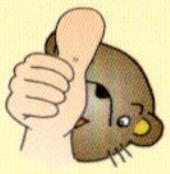

Umfassen, Festhalten, Heben, Tragen

Für die Ausführung der Techniken brauchst du viel Kraft in den Händen. Du willst den Partner fassen, umfassen, festhalten und heben. Dafür gibt es viele einfache Übungen, die dir und deinen Partnern bestimmt viel Spaß machen.

1 *Pferdchen*

Wie weit schaffst du es, den Partner auf dem Rücken zu transportieren? Anschließend wird gewechselt!

2 *Verletztentransport*

Sanitäter transportieren einen Leichtverletzten oft in Sitzposition. Ihre Hände fassen den Verletzten so fest, dass er sich darauf wie auf einen Sitz setzen kann. Probiert es aus!

3 *Bagger*

Lade deinen Übungspartner wie ein Bagger auf die Schaufel. Nun laufe eine Strecke. Schwierigkeiten:

1. *Er spannt den Körper an und hält sich an dir fest.*
2. *Er stellt sich schlafend und „hängt wie ein nasser Sack".*
3. *Er zappelt und will weg wie ein unartiges Kind.*

4 *Ausheben*

Du umfasst den Partner eng an seiner Hüfte und hebst ihn an. Nun trage ihn eine Strecke. Auch hier kannst du dir Schwierigkeitsstufen überlegen.

Klettern

Wer hat schon eine Kletterstange oder ein Kletterseil daheim? Aber bestimmt gibt es einen Spielplatz in der Nähe. Viele Möglichkeiten wirst du finden!

Stelle dir vor, du kommst auf diesen tollen Spielplatz.

Welche Klettermöglichkeiten findest du hier?

Was würdest du hier machen?

Nutze die Möglichkeiten, die du in deiner Umgebung findest!
Sei mutig – aber überschätze dich nicht!

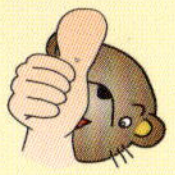

Fassen und Greifen

Diese Grundlagen kannst du am besten mit einem Partner und in kleinen Kampfspielen üben. Dafür eignen sich die Freunde, aber bestimmt machen auch die Eltern oder Geschwister mit.

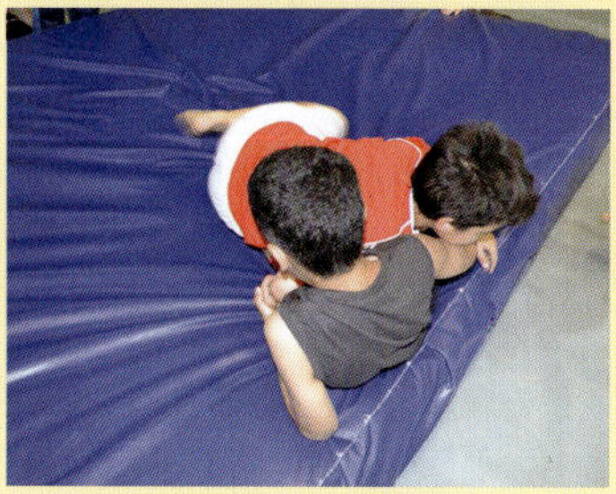

1 *Von der Insel werfen*

Baut euch eine „Insel" aus einer dicken Matte, Kissen oder Decken. Wer schafft es zuerst, den Partner von der Insel zu schieben?

2 *Nur mit rechts*

Wer schafft es, den Partner auf den Rücken zu legen? Aber Achtung: Es darf nur die rechte Hand verwendet werden!

3 *Über die Schulter*

Versuche, den Partner auf die Schulter zu nehmen. Lasse ihn vorsichtig hinter deinem Rücken abrollen.

4 *Schatzräuber*

Halte einen „Schatz" (Ball, Kissen, ...) ganz fest. Dein Partner versucht, dir den „Schatz" zu entreißen. Achtet auf einen stabilen Gegenstand, der beim „Raub" nicht kaputtgeht.

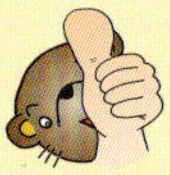

Alle Übungen haben das Ziel, deine Fähigkeiten beim Fassen und Greifen zu verbessern. Dein Griff wird sicherer und fester. Habt beide Spaß dabei und achtet immer auf die Sicherheit. Es geht nicht darum, dem Partner wehzutun.

Hakeln und Hebeln

Hakeln und Hebeln kannst du am besten in kleinen Kämpfen üben! Probiere dabei viele Möglichkeiten und Kombinationen aus.

1 *Hakeln (mit den Beinen)*

Beim Hakeln greifst du mit deinen Beinen und Füßen an. Du kannst so den Partner mit „Beinstellen" zu Boden bringen oder ihn am Boden drehen.

2 *Hebeln (mit den Armen)*

Du wirst viele Hebeltechniken erlernen. Dafür nutzt du die Hände und Arme und bringst den Partner in die gewünschte Lage. Wenn du es gut machst, hat er keine Chance, in der alten Position zu bleiben.

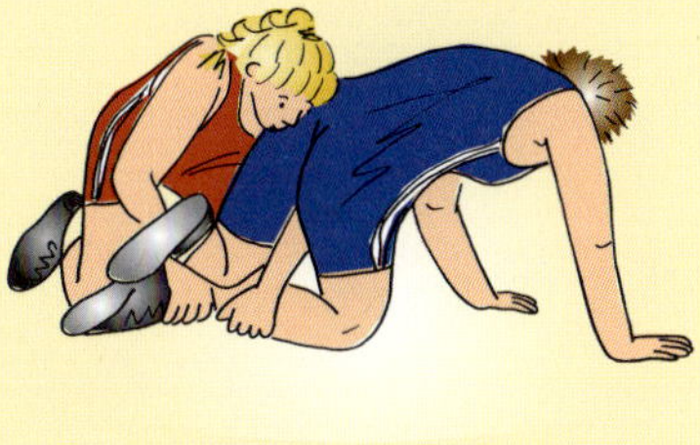

3 *Schildkrötenwenden*

Der eine Partner legt sich auf den Boden und der andere versucht, ihn mit Hakeln und Hebeln auf den Rücken zu drehen. Verwendet eine Sanduhr oder legt eine Kampfzeit fest.

Das muss ein Ringer können

Hier haben wir dir noch einmal alle **wichtigen Grundlagen** in einer Übersicht zusammengestellt.

Laufen

Z. B. abwechselnd im ruhigen Tempo vorwärts und rückwärts laufen

Balancieren

Z. B. Standwaage

Springen/Hüpfen

Z. B. Seilspringen

Unter den Begriffen sind freie Zeilen. Schreibe hinein, mit welchen Übungen du diese Fähigkeit verbessern kannst. Achte einmal im Training darauf. Einige Übungen findest du auch im Buch!

Kriechen/Robben

Z. B. sich auf der Langbank bis zum Ende ziehen

Wälzen/Rollen

Z. B. Rolle vorwärts und rückwärts

Fassen/Greifen

Z. B. Hände ineinander fassen

Hangeln/Klettern

Z. B. die Sprossenwand hinauf- und hinunterklettern

Hinter jedem Begriff ist ein kleines Kästchen. Mache ein Häkchen hinein, wenn du denkst, das schon ganz gut zu können!

Fallen/Aufstehen

☐

Z. B. aus Kniestand nach vorn fallen und sich mit den Händen abfangen

Festhalten/Umfassen

☐

Z. B. „Verletztentransport"

Werfen/Fangen

☐

Z. B. Gummiball auf den Boden werfen und wieder auffangen

Tragen/Heben

☐

Z. B. „Bagger"

Beinhakeln/Beinstellen

Z. B. mit dem Bein hakeln in der Bodenlage

Ziehen/Schieben

Z. B. den Partner über eine Linie ziehen und schieben

Stützen

Z. B. vor und zurück im Vierfüßlergang

Also: Bevor es mit den Techniken richtig losgeht, vergiss die Grundlagen nicht! Bereite dich gut vor!

. . . . . 7 Grundausbildung Stand- und Bodenringen

Alle Techniken, die wir hier in diesem Kapitel aufgelistet haben, wirst du in den ersten Jahren der Grundausbildung erlernen. Es sind schon ganz schön viele Techniken – aber keine Angst! Einige Techniken sind ähnlich und du hast im Training ausreichend Zeit zum Üben.

Durch jahrelange Erfahrungen mit Kindern und Jugendlichen im Ringertraining haben wir die ersten Techniken für deine Altersgruppe aus den Technikkatalogen der Rahmentrainingskonzeption ausgewählt.

Was du im Taining nicht ganz verstanden hast, kannst du hier im Buch noch einmal in Ruhe nachschauen. Siehe dir die Zeichnungen an und lies die Beschreibungen.

Hast du mindestens 15 Techniken (10 Stand- und 5 Bodenringen) der Grundausbildung erlernt und kannst sie vorführen, erhältst du die Urkunde für das Wieselabzeichen – Techniken. Alles Wichtige dazu findest du ab S. 113.

Griechisch-römisch oder Freistilringen

Der griechisch-römische Stil und der Freistil sind die bekanntesten Arten des Ringkampfs und olympische Disziplinen. Bei den Mädchen und Frauen wird nur Freistil gerungen.

Griechisch-römischer Stil

Hier sind alle Techniken und Aktionen über der Gürtellinie erlaubt. Du darfst nicht zu den Beinen greifen.

Auf den Bildern von Fritz siehst du in Orange die Körperteile, die du beim Kämpfen greifen darfst.

Freistil

Hier sind auch Aktionen und Angriffe zum Unterkörper und zu den Beinen erlaubt. Du kannst auch mit den Beinen hakeln und hebeln.

Standringen

Überführen in die Bodenlage – nach vorn

		Rechts	*Links*
1	Runterreißer am Nacken mit Oberarm **(G/F)**	☐	☐
2	Runterrreißer an beiden Oberarmen **(G/F)**	☐	☐
3	Runterreißer aus der Kopfklammer **(G/F)**	☐	☐
4	Runterreißer (Handgelenk/Oberarm) **(G/F)**	☐	☐
5	Durchschlüpfer **(G/F)**	☐	☐
6	Beinangriff außen (Kopf innen) **(F)**	☐	☐

Überführen in die Bodenlage – nach hinten

		Rechts	*Links*
7	Doppelbeinangriff **(F)**	☐	☐
8	Beinangriff innen (Kopf außen) **(F)**	☐	☐
9	Beinangriff außen (Kopf innen) **(F)**	☐	☐
10	Doppelbeinangriff mit Beinstellen von außen **(F)**	☐	☐
11	Rumreißer (Handgelenk/Oberarm) – Doppelbeinangriff **(F)**	☐	☐
12	Rumreißer (Handgelenk/Oberarm) – Hüftangriff von vorn **(G)**	☐	☐

Griechisch-römisch oder Freistil?

Hinter jeder Technik findest du eine Abkürzung:

(G/F) Das ist eine Technik für den griechisch-römischen und freien Ringkampf.

(G) Das ist eine Technik hauptsächlich für den griechisch-römischen Ringkampf.

(F) Das ist eine Technik **nur** für den freien Ringkampf.

Überführen in die Bodenlage – zur Seite

Nr.	Technik	Rechts	Links
13	Kopfhüftschwung mit Überführen zur Seite **(G/F)**	☐	☐
14	Doppelbeinangriff (Kopf außen) **(F)**	☐	☐
15	Doppelbeinangriff innen (Kopf außen) **(F)**	☐	☐
16	Beinangriff außen (Kopf innen) **(F)**	☐	☐
17	Durchschlüpfer mit Doppelbeinangriff **(F)**	☐	☐
18	Durchschlüpfer mit Hüftangriff **(G)**	☐	☐

Wurf über den Rücken

Nr.	Technik	Rechts	Links
19	Achselwurf **(G/F)**	☐	☐
20	Achselwurf mit Beinangriff **(F)**	☐	☐

Hinter jeder Technik sind zwei Kästchen. Hast du diese Technik erlernt und kannst sie schon ganz gut, dann mache ein Kreuzchen in das passende Kästchen hinein!

Jede Technik solltest du auf beiden Seiten erlernen und beherrschen. Kannst du die Technik auch auf der anderen Seite, dann kreuze auch dieses Kästchen an!

1 Runterreißer am Nacken mit Oberarm (G/F)

- *In der Ausgangssituation steht ihr im rechten Ausfallschritt voreinander.*

- *Setze dein rechtes Bein nach hinten.*
- *Bringe dich in eine gute Position.*
- *Drücke jetzt mit deiner linken Hand auf den Oberarm des Partners und*

- *mit der rechten Hand auf seinen Nacken.*
- *Ziehe ihn so an deinem Körper vorbei nach vorn unten.*

- *Du führst den Partner bis in die Bodenlage.*
- *Sichere deine Position in der Oberlage ab.*

Ziehe den Partner seitlich an deinem Körper vorbei in die Bodenlage!

2 Runterreißer an beiden Oberarmen (G/F)

- *In der Ausgangssituation steht ihr in halber Distanz voreinander.*
- *Du legst beide Hände auf die Oberarme deines Partners.*

- *Setze dein rechtes Bein nach hinten.*
- *Bringe dich so in Position, dass du deine Kraft auf seine Oberarme gut einsetzen kannst.*

- *Nun ziehe die Oberarme deines Partners nach vorn unten.*
- *Ziehe ihn seitlich an deinem Oberkörper vorbei bis in die Bodenlage.*

- *Der Partner ist in Bankstellung.*
- *Du wechselst schnell in die Oberlage und*
- *sicherst deine Position.*

Stelle dein Bein zurück, damit du deinen Partner besser aus seinem Gleichgewicht bringen kannst.

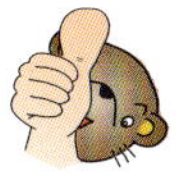

3 Runterreißer aus der Kopfklammer (G/F)

- *Ausgangssituation: Halbdistanz.*
- *Du legst die linke Hand in den Nacken deines Partners.*

- *Nun setzt du dein linkes Bein zurück.*
- *Mit deiner linken Hand ziehst du den Kopf des Partners nach unten in deine rechte Achsel und gleichzeitig*
- *schließt du seinen rechten Arm mit dem Griff ein (Kopfklammer).*

- *Jetzt stellst du beide Beine weiter nach hinten.*
- *Mit ganzer Kraft drückst du auf den Kopf und Oberkörper deines Partners und*
- *führst ihn so in die Bodenlage.*

- *Du machst einen Schritt am Partner vorbei und*
- *erreichst so die Position in der Oberlage.*

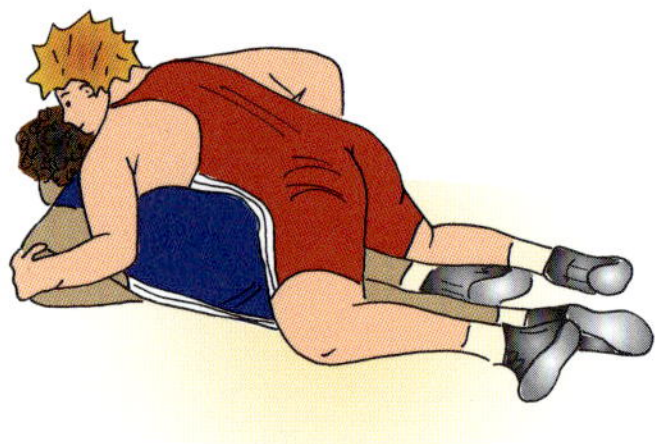

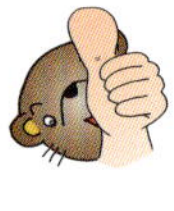

Achtung! Du fasst den Kopf immer zusammen mit einem Arm – den Kopf allein zu fassen, ist nicht erlaubt!

4 Runterreißer (Handgelenk/Oberarm) (G/F)

- *Ausgangssituation: Beide im Ausfallschritt mit Halbdistanz.*
- *Du legst deine Hände auf die Oberarme des Partners.*

- *Nun greifst du mit deiner linken Hand den Unterarm des Partners und*
- *mit der rechten Hand den Oberarm.*
- *Ziehe den Arm seitlich an deinem Körper vorbei.*

- *Greife um die Hüfte des Partners.*
- *Mit Druck auf seinen Körper wird er nach vorn in die Bodenlage gebracht.*

- *Begleite den Partner in die Bodenlage.*
- *Du erreichst die Position in der Oberlage.*

Wenn du die Hüfte des Partners gut belastest, dann kann er sein Gleichgewicht nur schwer halten!

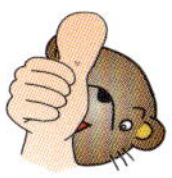

5 Durchschlüpfer (G/F)

- *In der Ausgangssituation steht ihr mit Halbdistanz voreinander.*
- *Du legst die rechte Hand in den Nacken deines Partners und*
- *fasst mit der linken Hand seinen rechten Ellbogen.*

- *Jetzt näherst du dich dem Partner.*
- *Drücke mit deiner Hand seinen Ellbogen nach oben und*
- *schlüpfe mit dem Kopf unter seiner Achsel hindurch.*

- *Nun fasst du die Hüfte des Gegners.*
- *Belaste den Oberkörper des Partners und*
- *drücke ihn so in die Bodenlage.*

- *Halte seinen Oberkörper fest.*
- *Belaste den Oberkörper des Partners und*
- *gehe in die Oberlage.*

Das Durchschlüpfen gelingt dir besser, wenn du die Bewegung mit deinem Kopf machst – wie ein Delfin tauchst du unter die Achsel des Gegners ab!

6 Beinangriff außen (Kopf innen) (F)

- *Ausgangssituation ist die Halbdistanz.*
- *Lege die rechte Hand in den Nacken deines Partners.*
- *Fasse mit der linken Hand seinen rechten Ellbogen von oben.*
- *Drücke auf seinen Nacken und Ellbogen.*
- *Der Partner wird, wie geplant, mit einer Bewegung nach oben reagieren.*

- *Dann näherst du dich von außen dem rechten Bein des Partners.*
- *Nun greife sein rechtes Bein, dein Kopf bleibt dabei innen am Oberschenkel des Partners.*

- *Anschließend ergreifst du beide Beine des Partners von hinten am Oberschenkel.*
- *Drücke den Partner so in die Bodenlage nach vorn.*

- *Halte die Beine des Partners fest.*
- *So gelangst du in die Oberlage.*

Belaste die Oberschenkel deines Partners mit starkem Druck aus deiner Schulter. Der Partner bewegt sich nach vorn.

7 Doppelbeinangriff (F)

- *In der Ausgangssituation steht ihr in der Halbdistanz voreinander.*
- *Du legst deine rechte und deine linke Hand auf die Oberarme des Partners.*

- *Nun näherst du dich den Oberschenkeln des Partners und*
- *greifst sie oberhalb des Knies.*
- *Du stehst dabei auf beiden Füßen.*

- *Drücke deinen Partner mit den Schultern in die Bodenlage nach hinten.*

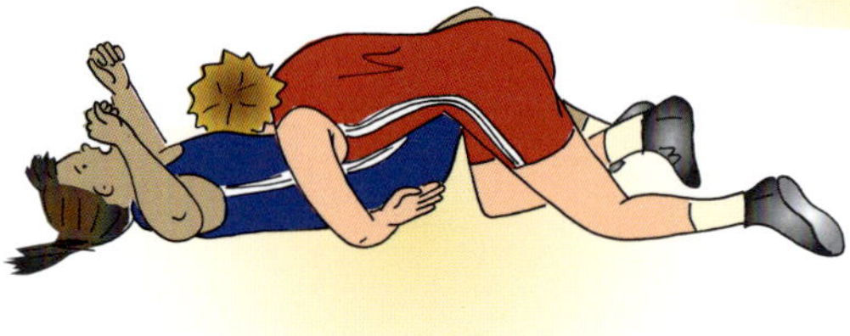

- *Halte die Oberschenkel des Partners fest.*
- *So kannst du ihn in der Rückenlage halten.*

Du musst mit deinem Oberkörper ganz nah an den Partner heran. Drücke ihn fest nach hinten in die Bodenlage!

8 Beinangriff innen (Kopf außen) (F)

- *In der Ausgangssituation steht ihr mit Halbdistanz voreinander.*
- *Du legst deine rechte und deine linke Hand auf die Oberarme des Partners.*

- *Nun näherst du dich dem linken Oberschenkel des Partners und*
- *greifst ihn mit beiden Händen oberhalb des Knies.*
- *Dein Kopf ist außen an seinem Oberschenkel.*
- *Du kniest mit dem linken Bein und dein rechter Fuß ist seitlich vor der Stützfläche.*

- *Jetzt fasst du mit links den anderen Oberschenkel (Griffwechsel).*
- *Drücke deinen Partner mit den Schultern in die Bodenlage nach hinten.*

- *Halte die Oberschenkel des Partners fest.*
- *So kannst du ihn in der Rückenlage halten.*

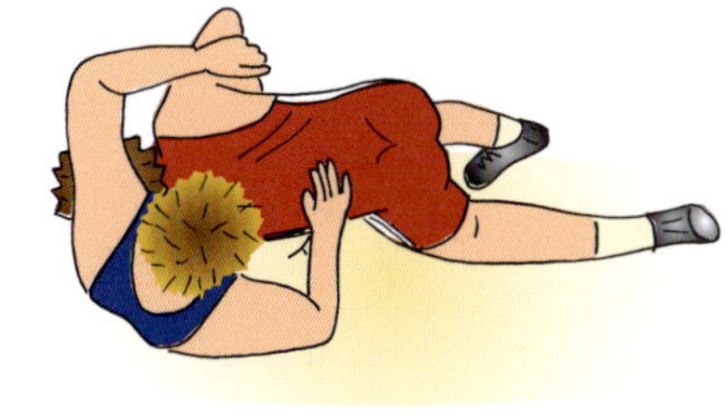

Drücke mit deinem Oberkörper auf die Beine deines Partners und ziehe gleichzeitig seine Unterschenkel zu dir. Der Partner bewegt sich nach hinten.

9 Beinangriff außen (Kopf innen) (F)

- *In der Ausgangssituation steht ihr mit Halbdistanz voreinander.*
- *Du legst deine rechte und deine linke Hand auf die Oberarme des Partners.*

- *Dann drückst du seinen rechten Oberarm leicht nach unten.*
- *Er wird jetzt dagegen – nach oben drücken.*
- *Nun fasst du zum rechten Oberschenkel deines Partners und ergreifst ihn mit beiden Händen oberhalb des Knies.*
- *Dein Kopf ist innen am Oberschenkel.*

- *Du kniest mit beiden Beinen seitlich vor dem Partner.*
- *Drücke mit der Schulter oben auf seinen Oberschenkel.*
- *So bringst du ihn in die Bodenlage.*

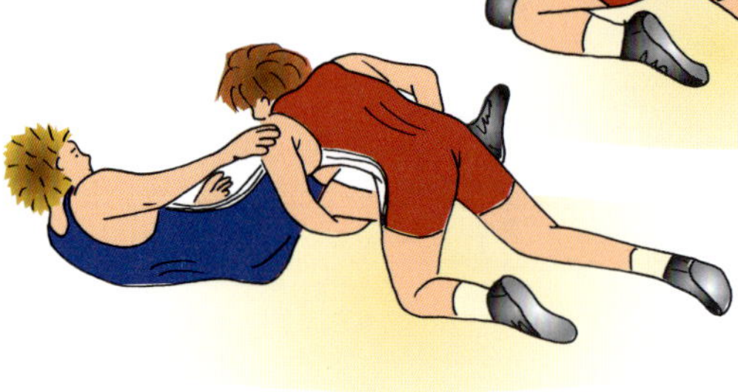

- *Halte den Oberschenkel deines Partners fest und*
- *halte ihn in der Rückenlage.*
- *Wenn er sich in die Bauchlage dreht, nimmst du die Oberlage ein.*

Auf den Oberschenkel drücken und am Unterschenkel ziehen!

10 Doppelbeinangriff mit Beinstellen von außen (F)

- *In der Ausgangssituation steht ihr mit Halbdistanz voreinander.*
- *Du legst deine rechte und deine linke Hand auf die Oberarme des Partners.*
- *So drückst du seine Oberarme leicht nach unten.*
- *Dein Partner wird reagieren und seine Oberarme dagegen (nach oben) drücken.*

- *Du ergreifst mit beiden Händen seine Oberschenkel oberhalb des Knies.*
- *Dabei kniest du mit dem linken Bein nahe am Partner.*

- *Stelle deinen rechten Fuß hinter den linken Fuß des Partners.*
- *So kannst du ihn blockieren (ein Bein stellen) und*
- *ihn nach hinten in die Bodenlage drücken.*

- *Halte die Oberschenkel deines Partners fest und*
- *mache ihn in der Rückenlage fest.*

Benutze deinen Fuß auch in der Bodenlage als Hebel, um den Partner festzuhalten!

11 Rumreißer (Handgelenk/Oberarm) – Doppelbeinangriff (F)

- *In der Ausgangssituation steht ihr mit Halbdistanz voreinander.*
- *Du legst deine rechte Hand auf den linken Oberarm des Partners.*
- *Mit deiner linken Hand hältst du sein rechtes Handgelenk.*

- *Nun machst du einen Griffwechsel und*
- *fasst mit deiner rechten Hand über den rechten Ellbogen des Partners.*
- *Ziehe seinen Ellbogen seitlich an deinem Körper vorbei.*
- *Danach greifst du mit beiden Händen die Oberschenkel des Partners.*

- *Mit Druck deiner Schulter kannst du ihn nach hinten in die Bodenlage umdrücken.*

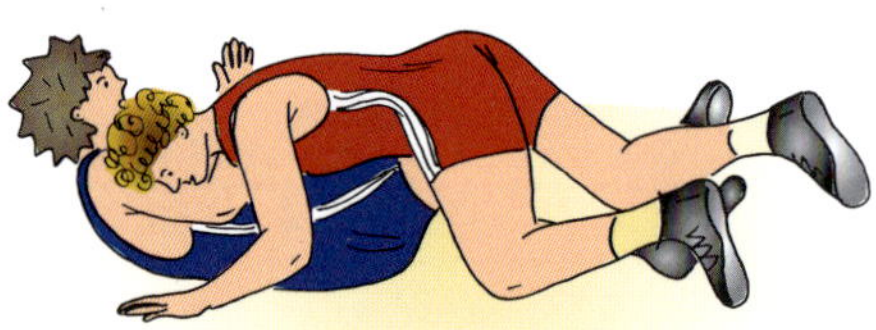

- *Halte die Oberschenkel deines Partners fest und*
- *fixiere ihn in der Rückenlage.*

Nach dem Rumreißer musst du blitzschnell die Oberschenkel des Partners ergreifen und ihn nach hinten in die Bodenlage bringen. Der Druck auf die Beine ist besonders groß, wenn du stehen bleibst!

12 Rumreißer (Handgelenk/Oberarm) – Hüftangriff von vorn (F)

- *In der Ausgangssituation steht ihr mit Halbdistanz voreinander.*
- *Du legst deine rechte Hand auf den linken Oberarm des Partners und*
- *hältst mit der linken Hand das rechte Handgelenk.*

- *Nun machst du einen Griffwechsel und*
- *fasst von innen mit deiner rechten Hand den rechten Ellbogen des Partners.*
- *Ziehe seinen Ellbogen seitlich an deinem Körper vorbei.*
- *Tritt mit dem linken Bein nach vorn in die Standfläche.*

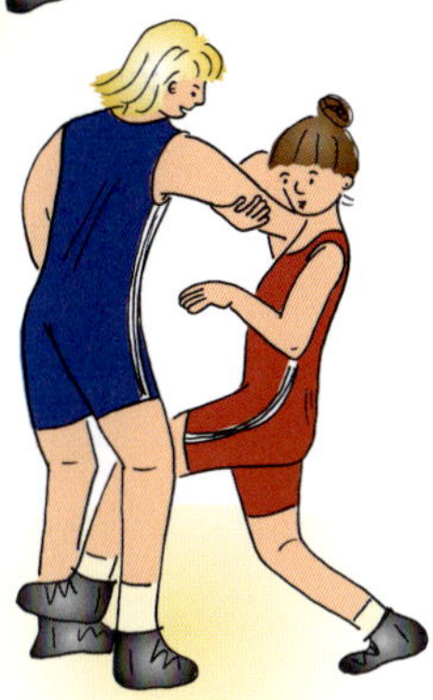

- *Greife mit deiner linken Hand von vorn die Hüfte des Partners.*
- *So kannst du ihn nach hinten in die Bodenlage bringen.*

- *Halte die Hüfte deines Partners fest,*
- *um ihn in der Rückenlage festzumachen.*

Nach dem Rumreißen musst du schnell mit beiden Händen die Hüfte des Partners ergreifen. Drücke fest auf seinen Körper in Richtung Bodenlage!

13 Kopfhüftschwung mit Überführen zur Seite (G/F)

- *In der Ausgangssituation steht ihr mit Halbdistanz voreinander.*
- *Du legst deine linke Hand auf den rechten Oberarm des Partners.*
- *Deine rechte Hand legst du in seinen Nacken.*

- *Nun drehst du deine Hüfte ein.*
- *Mit der rechten Ellbogenbeuge nimmst du den Kopf des Partners.*
- *Ziehe ihn eng an deinen Körper heran.*

- *So drückst du ihn zur Seite in die Bodenlage.*

- *Halte den Kopf und den Oberarm deines Partners fest und mache ihn so in der Rückenlage fest.*

Du musst möglichst nahe an den Oberkörper deines Partners heran, um ihn seitlich zu belasten.

14 Doppelbeinangriff (Kopf außen) (F)

- *In der Ausgangssituation steht ihr mit Halbdistanz voreinander.*
- *Du legst deine rechte und linke Hand auf die Oberarme des Partners und*
- *drückst sie leicht nach unten.*
- *Dein Partner wird mit einem Gegendruck nach oben reagieren.*

- *Nähere dich den Oberschenkeln des Partners und greife sie mit beiden Händen oberhalb des Knies.*
- *Dein Kopf ist außen am linken Oberschenkel des Partners.*
- *Knie dich mit dem linken Bein nahe an den Gegner in die Stützfläche und setze das rechte Knie seitlich auf.*

- *Du drückst mit deinen Schultern gegen Oberschenkel und Körper des Partners.*
- *So bringst du ihn zur rechten Seite in die Bodenlage.*

- *Greife die Oberschenkel deines Partners und*
- *halte ihn in der Rückenlage fest.*

Die Bewegung zur Seite ist erfolgreicher, wenn du dein rechtes Bein streckst.

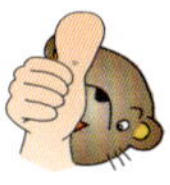

15 Beinangriff innen (Kopf außen) (F)

- *In der Ausgangssituation steht ihr mit Halbdistanz voreinander.*
- *Du legst deine rechte und linke Hand auf die Oberarme des Partners und*
- *drückst sie leicht nach unten.*
- *Dein Partner wird mit einem Gegendruck nach oben reagieren.*

- *Setze dein linkes Knie nahe an den Partner.*
- *Dann ergreifst du mit deiner linken Hand **von innen** seinen linken Oberschenkel oberhalb des Knies.*
- *Dein Kopf befindet sich außen am linken Oberschenkel des Partners.*

- *Du setzt dein rechtes Bein seitlich auf.*
- *Nun drückst du mit der Schulter gegen den Oberkörper des Partners.*
- *Du wechselst mit deiner linken Hand an den rechten Oberschenkel.*

- *So bringst du ihn zur rechten Seite in die Bodenlage.*
- *Halte die Oberschenkel deines Partners fest und*
- *mache ihn in der Rückenlage fest.*

Der Druck aus dem rechten Bein und der Griffwechsel deiner linken Hand muss schnell und gleichzeitig ausgeführt werden. Der Partner bewegt sich zur Seite.

16 Beinangriff außen (Kopf innen) (F)

- *In der Ausgangssituation steht ihr mit Halbdistanz voreinander.*
- *Du legst deine rechte und linke Hand auf die Oberarme des Partners und*
- *drückst sie leicht nach unten.*
- *Dein Partner wird mit einem Gegendruck nach oben reagieren.*

- *Setze dein linkes Knie von außen nahe an den Partner.*
- *Dann ergreifst du mit deiner linken Hand **von außen** seinen linken Oberschenkel oberhalb des Knies.*

- *Dein Kopf befindet sich innen am rechten Oberschenkel des Partners.*
- *Mit der rechten Hand greifst du seinen rechten Oberschenkel.*

- *Du kniest nicht ganz so nahe am Partner.*
- *Nun drückst du gegen seinen Oberschenkel und Körper und stemmst dich dabei mit den Füßen ab.*

- *Überführe den Partner zur linken Seite in die Bodenlage.*
- *Halte seine Oberschenkel und*
- *fixiere ihn in der Rückenlage.*

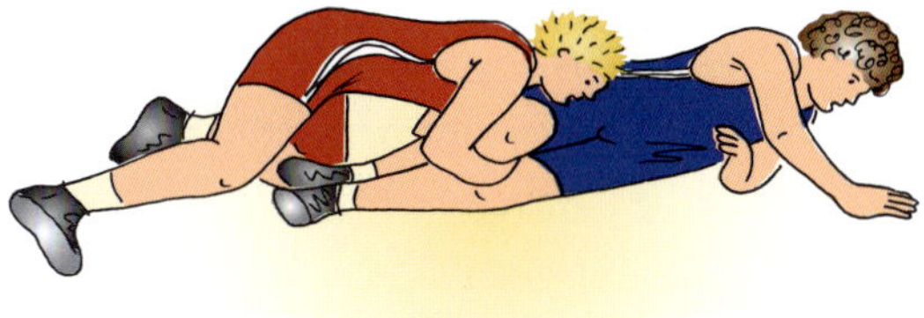

Drücke sofort auf die Beine des Partners, um ihn so schnell aus dem Gleichgewicht zu bringen.

17 Durchschlüpfer mit Doppelbeinangriff (F)

- *Ausgangssituation: Halbdistanz.*
- *Lege deine rechte und linke Hand auf die Oberarme des Partners und*
- *drücke sie leicht nach unten.*
- *Dein Partner wird, wie geplant, mit Gegendruck nach oben reagieren.*

- *Nun drücke seinen linken Ellbogen nach oben und*
- *beuge deinen Kopf zum Durchschlüpfen.*
- *Setze deinen linken Fuß nahe an den Partner.*

- *Greife mit beiden Händen von außen seine Oberschenkel.*
- *Dein Kopf ist links außen am Körper des Partners.*

- *So wird er zur rechten Seite in die Bodenlage gedrückt.*

- *Halte die Oberschenkel deines Partners fest und*
- *mache ihn in der Rückenlage fest.*

Drücke blitzschnell auf den Oberkörper und strecke dabei dein rechtes Bein!

18 Durchschlüpfer mit Hüftangriff (G)

- *Ausgangssituation: Halbdistanz.*
- *Linke Hand auf dem rechten Oberarm des Partners.*
- *Rechte Hand fasst in den Nacken.*
- *Du drückst seinen Oberarm leicht nach unten und dein Partner wird mit seinem Ellbogen nach oben dagegendrücken.*

- *Das nutzt du aus! Schiebe seinen Ellbogen nach oben und schlüpfe darunter hindurch.*

- *Setze deinen linken Fuß seitlich vom Partner.*
- *Umgreife seinen Körper an der Hüfte.*

- *So kannst du ihn nach links in die Bodenlage drücken.*
- *Halte die Hüften deines Partners fest und*
- *halte ihn in der Rückenlage fest.*

Der Druck zur Seite in die Bodenlage kommt aus deiner Hüfte und aus deinen Beinen!

19 Achselwurf (G/F)

- *Ausgangssituation: Halbdistanz, parallele Fußstellung.*
- *Rechte Hand greift an den linken Oberarm des Partners nahe der Achsel.*

- *Nun schlüpfst du unter seiner linken Achsel hindurch.*
- *Halte dabei seinen linken Oberarm fest.*
- *Du kommst in den Kniestand nahe am Partner.*

- *Zieh den Oberkörper des Partners dicht an deinen Körper heran.*
- *So kannst du ihn über deinen Rücken werfen.*
- *Der Partner macht eine Rolle vorwärts über deinen Rücken.*

- *Halte ihn am Oberarm und*
- *mache ihn in der Rückenlage fest.*

Du ziehst am Arm des Partners und drückst mit deiner Schulter – so rollt er besser in die Rückenlage!

20 Achselwurf mit Beingriff (F)

- *Ausgangssituation: Halbdistanz, parallele Fußstellung.*
- *Rechte Hand greift an den linken Oberarm des Partners nahe der Achsel.*

- *Nun schlüpfst du unter seiner linken Achsel hindurch.*
- *Halte dabei seinen linken Oberarm fest.*
- *Mit der linken Hand fasst du zum linken Oberschenkel des Partners.*

- *So kniest du dich vor den Partner.*

- *Ziehe den Oberkörper des Partners dicht an deinen Körper heran und*
- *hebe sein Bein nach oben.*
- *Der Partner macht eine Rolle vorwärts über deinen Rücken.*

- *Halte ihn am Oberarm und*
- *mache ihn in der Rückenlage fest.*
- *Zum Festhalten machst du einen Griffwechsel zum Kopf des Partners.*

Mit Kraft am Arm und am Bein unterstützt du die Rollbewegung.

Bodenringen

Wälzer

		Rechts	*Links*
1	Durchdreher mit Griff an der Hüfte **(G/F)**		
2	Durchdreher mit Griff an den Rippen **(G/F)**		
3	Aufreißer **(G/F)**		
4	Armdurchzug **(G/F)**		
5	Hammerlock mit Herumlaufen nach vorn **(G/F)**		
6	Hammerlock mit Herumlaufen nach hinten **(G/F)**		
7	Nackenhebel **(G/F)**		
8	Beindurchzug mit Einsteigen **(F)**		
9	Zange **(F)**		

Angriffe aus der Unterlage

		Rechts	*Links*
10	Wende mit Griff zur Hüfte **(G)**		
11	Wende mit Griff zum Oberschenkel **(F)**		
12	Ausgrätschen **(G/F)**		
13	Abklemmer (Gegner in der Oberlage von hinten) **(G/F)**		

Hinter jeder Technik ist ein Kästchen. Hast du diese Technik erlernt und kannst sie schon ganz gut, dann mache ein Kreuzchen hinein!

Jede Technik solltest du auf beiden Seiten erlernen und beherrschen. Kannst du die Technik auch auf der anderen Seite, dann kreuze auch dieses Kästchen an!

1 Durchdreher mit Griff an der Hüfte (G/F)

- *In der Ausgangssituation befindest du dich in der* ***Oberlage*** *und*
- *dein Partner liegt in der* ***Bauchlage****.*
- *Greife mit beiden Armen um seine* ***Hüfte*** *und*
- *verschließe deine Hände zu einem engen, festen Griff.*

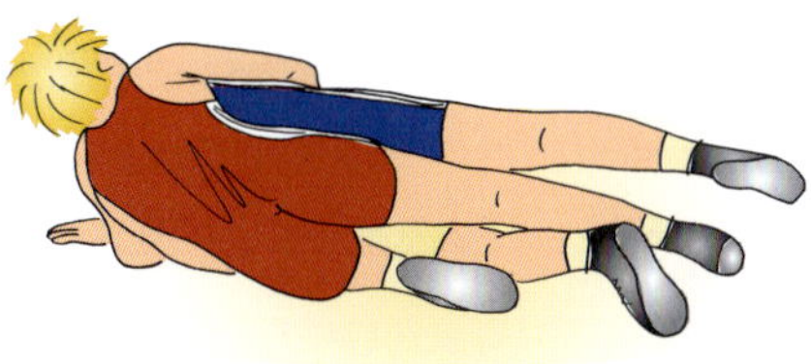

- *Hebe den Körper des Partners leicht an.*
- *Drücke dein linkes Knie unter seinen Körper.*
- *Ziehe die Hüfte deines Partners auf deine eigene.*

- *Du ziehst weiter, bis du ihn über dich rollen kannst.*
- *Stelle dabei deine Füße auf die Matte, um dich zusätzlich abzudrücken.*

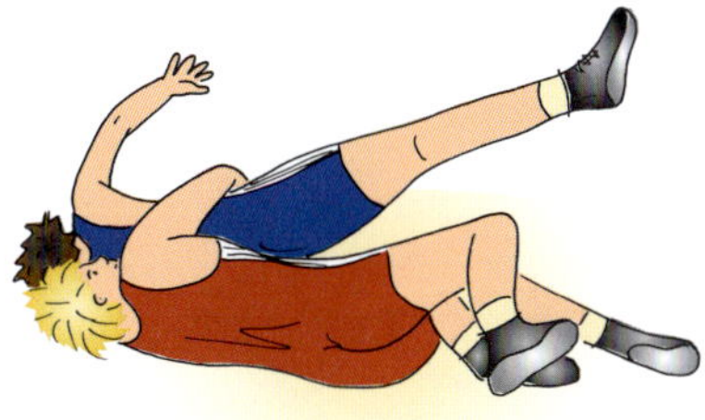

- *Halte den Partner in der Bauchlage fest.*
- *So kannst du die weitere Angriffstechnik vorbereiten.*

Bringe deine Knie unter die Hüfte des Partners und ziehe ihn auf deine eigene Hüfte!

2 Durchdreher mit Griff an den Rippen (G/F)

- *In der Ausgangssituation befindest du dich in der* ***Oberlage*** *und*
- *dein Partner liegt in der* ***Bauchlage****.*
- *Greife mit beiden Armen um seine* ***Rippen*** *und*
- *verschließe deine Hände zu einem engen, festen Griff.*

- *Hebe den Körper des Partners leicht an.*
- *Drücke dein linkes Knie unter seinen Körper.*
- *Ziehe die Hüfte deines Partners auf deine eigene.*

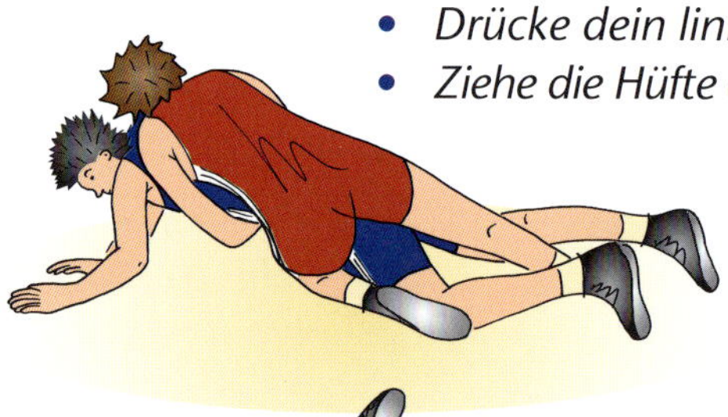

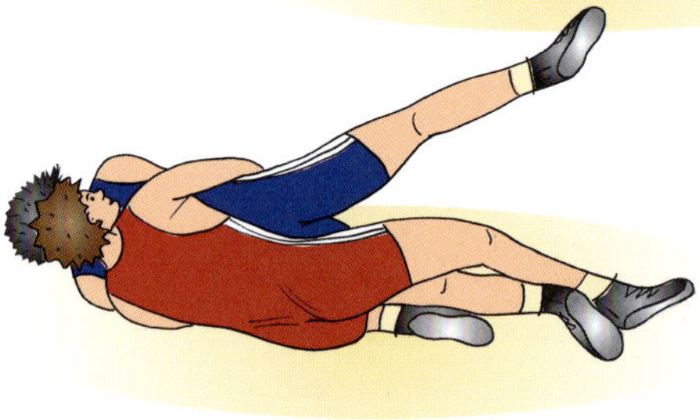

- *Du ziehst weiter, bis du ihn über dich auf die andere Seite rollen kannst.*
- *Stelle dabei deine Füße auf die Matte, um dich zusätzlich abzudrücken.*

- *Halte den Partner in der Bauchlage fest.*
- *So kannst du eine weitere Angriffstechnik vorbereiten.*

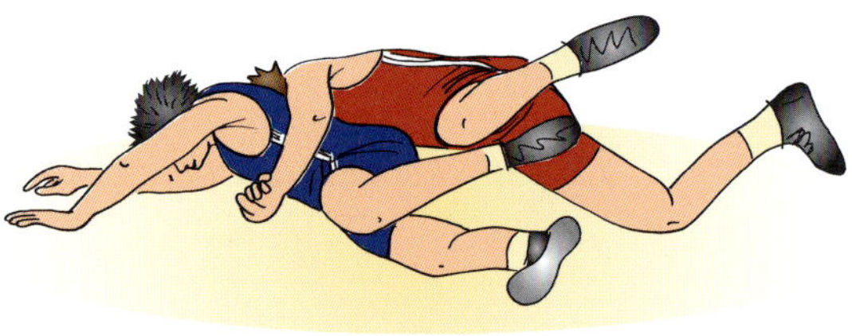

Greife deinen Partner ganz fest in Höhe der Rippen und ziehe ihn auf deine Hüfte, bevor du ihn auf die andere Seite rollst!

3 Aufreißer (G/F)

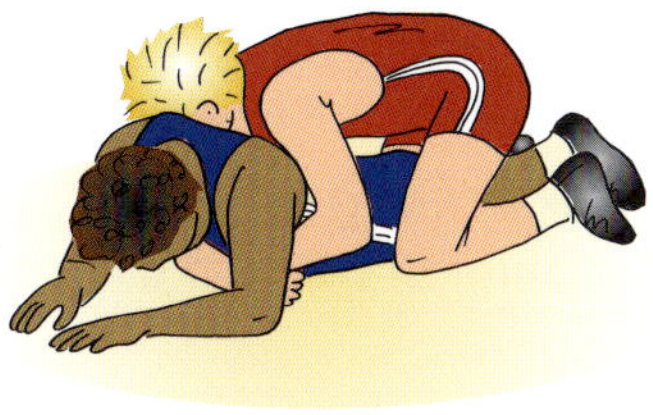

- *In der Ausgangssituation befindest du dich in der* ***Oberlage*** *und*
- *dein Partner liegt in der* ***Bauchlage****.*
- *Greife mit beiden Armen um seine* ***Hüfte*** *und*
- *verschließe deine Hände zu einem engen, festen Griff.*

- *Hebe den Körper des Partners mit deiner rechten Hand leicht an.*
- *Löse deine linke Hand und greife zum linken Oberarm des Partners.*
- *Drücke dein linkes Knie unter seinen Körper nahe der Hüfte.*

- *Du stemmst dein Knie gegen seinen Körper und*
- *ziehst ihn auf die andere Seite (Aufreißen!).*
- *Umfasse den Körper des Partners ganz fest. Dabei hast du seinen linken Arm miteingeschlossen.*

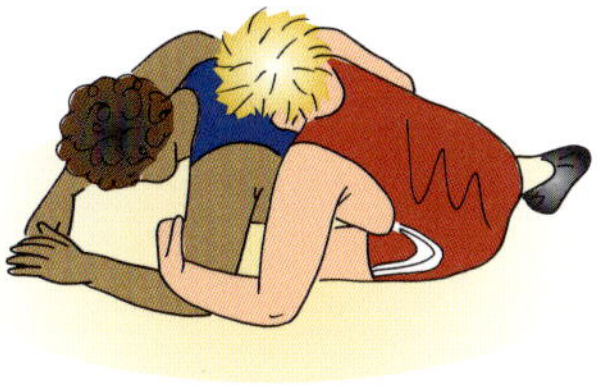

- *Jetzt wälzt du ihn wieder zurück in die Bauchlage.*
- *So kannst du die weitere Angriffstechnik in der Bodenlage vorbereiten.*

Du musst deinen Partner so weit auf die Seite ziehen (aufreißen), bis sich sein Rücken zur Matte neigt.

4 Armdurchzug (G/F)

- *In der Ausgangssituation befindest du dich in der* ***Oberlage*** *und*
- *dein Partner ist in der* ***Bankstellung****.*
- *Du kniest auf der rechten Seite des Partners und*
- *legst deine Hände auf seine Schultern.*

- *Nun greifst du mit deiner linken Hand unter dem Körper des Partners hindurch bis zu seinem linken Oberarm.*
- *Gleichzeitig fasst du mit der rechten Hand von vorn an seinen linken Oberarm.*

- *Ziehe mit beiden Händen.*
- *Gleichzeitig drückst du mit deiner Brust gegen den Körper des Partners.*
- *So zwingst du ihn zur Drehung.*

- *Du wälzt den Partner in die Rückenlage.*
- *Halte ihn dann mit beiden Händen in der Rückenlage fest.*

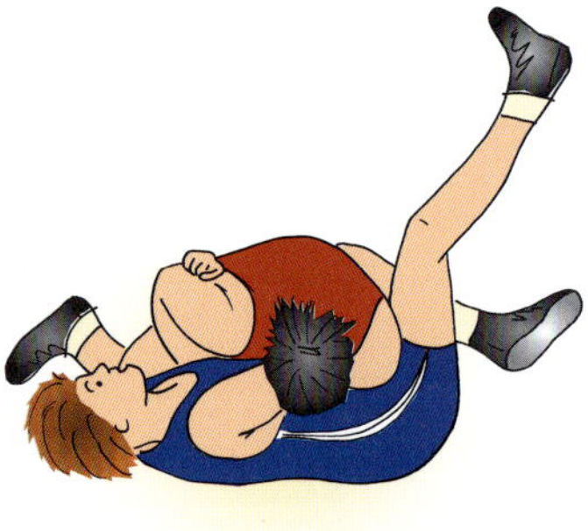

Ziehe deinen Partner fest am Oberarm und drücke mit deiner Brust gegen seinen Oberkörper.

5 Hammerlock mit Herumlaufen nach vorn (G/F)

- *In der Ausgangssituation befindest du dich in der* ***Oberlage*** *und*
- *dein Partner ist in der* ***Bauchlage****.*
- *Du bist auf der rechten Seite des Partners.*
- *Greife mit deiner rechten Hand in seine Ellbogenbeuge.*

- *Blockiere mit deiner linken Hand den linken Oberarm des Partners.*
- *Hebe ihn mit dem Griff Hammerlock an (Hebeltechnik).*
- *So bereitest du die Drehung vor.*

- *Mit deiner linken Hand hältst du weiter seinen linken Oberarm.*
- *Bewege dich mit den Füßen in Kopfhöhe des Partners (Herumlaufen), denn so bringst du noch mehr Druck auf seinen Körper.*

- *Halte den Partner auf beiden Schultern fest (schultern).*

Du benutzt den Hammerlock als Hebeltechnik für die Drehung beim Wälzen.

6 Hammerlock mit Herumlaufen nach hinten (G/F)

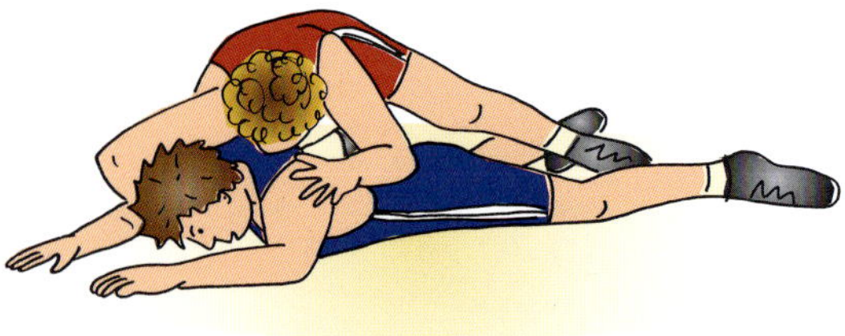

- *Ausgangssituation: Du bist in der **Oberlage** und*
- *dein Partner liegt in der **Bauchlage**.*
- *Greife mit deiner rechten Hand in seine Ellbogenbeuge.*

- *Drücke mit deiner linken Hand gegen den linken Oberarm des Partners.*
- *Hebe seinen Körper mit dem Griff Hammerlock an.*
- *Steige mit beiden Beinen nacheinander über ihn (Herumlaufen nach hinten!).*

- *Blockiere mit deiner linken Hand den Kopf des Partners.*

- *Du wälzt den Partner in die Rückenlage.*
- *Halte ihn dann mit beiden Händen in der Rückenlage fest.*

Stelle deine Füße nach hinten, dann wirkt die Hebeltechnik besser auf den Oberkörper deines Partners!

7 Nackenhebel (G/F)

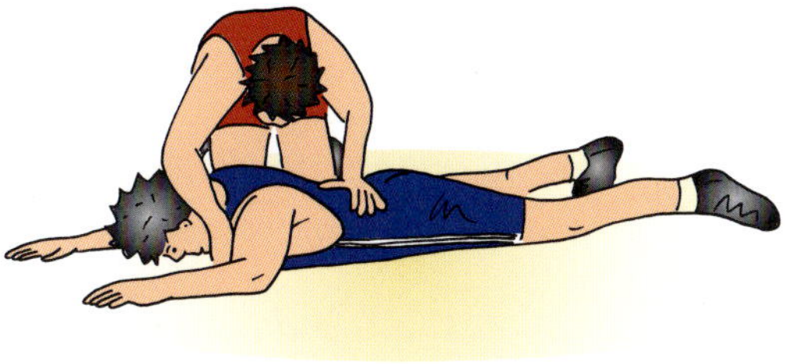

- *Ausgangssituation: Du bist in der* ***Oberlage*** *auf der rechten Seite.*
- *Dein Partner liegt in der* ***Bauchlage****.*
- *Du greifst mit deiner rechten Hand zu seinem Kinn.*

- *Du kniest rechts neben dem Kopf des Partners.*
- *Greife nun mit deiner linken Hand unter seine rechte Achsel an deinen rechten Unterarm –* ***Nackenhebel****!*

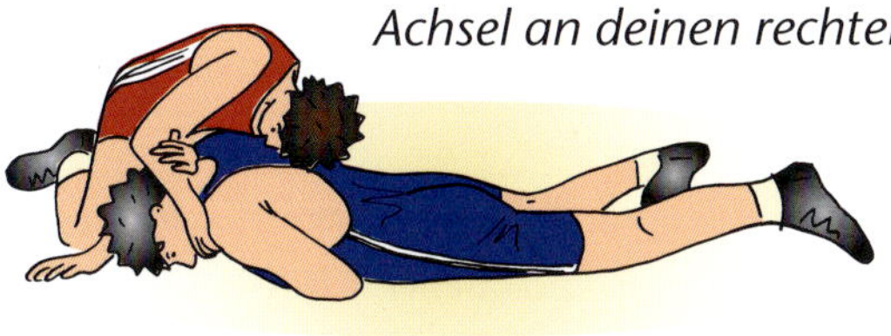

- *Du hebelst mit dem Nackenhebel*
- *deinen Partner in die Rückenlage.*

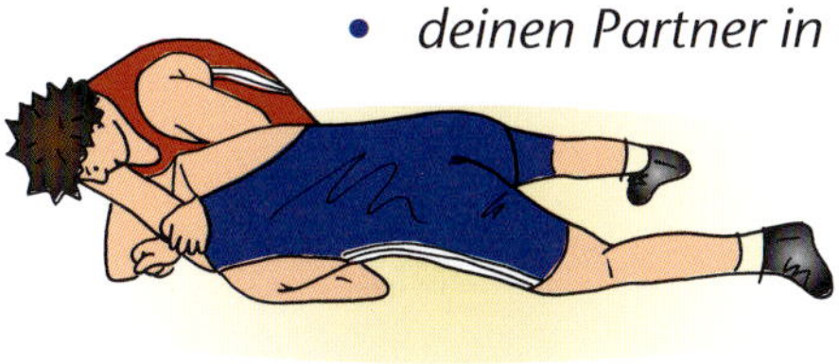

- *Nach dem Wälzen hältst du den Partner in der Rückenlage auf beiden Schultern fest.*

Achtung! Der Nackenhebel wird nur für eine Drehung zur Seite angewendet. Den Kopf deines Partners nicht nach vorn drehen!

8 Beindurchzug mit Einsteiger (F)

- *Ausgangssituation: Du bist in der* ***Oberlage.***
- *Du kniest als Hintermann auf der linken Seite und*
- *dein Partner ist in der* ***Bankstellung.***
- *Lege die Hände auf die Schultern des Partners.*

- *Du greifst mit der linken Hand durch die Beine des Partners zu seinem rechten Unterschenkel.*
- *Mit der rechten Hand greifst du unter seinem linken Unterschenkel hindurch auch zum rechten Unterschenkel.*

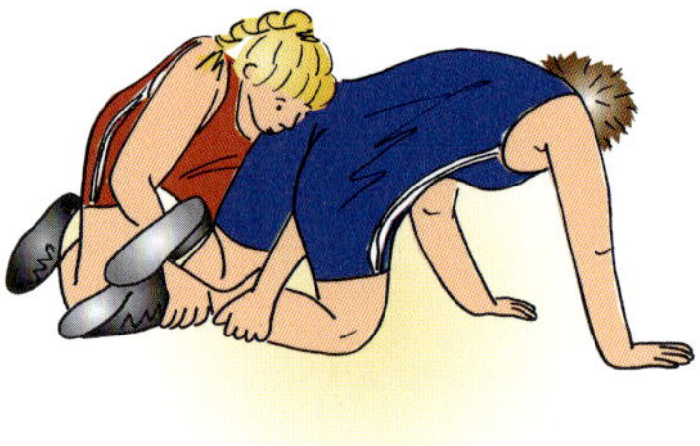

- *Mit beiden Händen kannst du nun an den Beinen hebeln.*
- *So bringst du den Partner aus seiner Bankstellung in die Rückenlage.*

- *Ziehe weiter an seinem Unterschenkel und*
- *bringe ihn auf seinen eigenen rechten Oberschenkel.*
- *Stelle dein rechtes Bein unter den Unterschenkel des Partners (Einsteiger).*

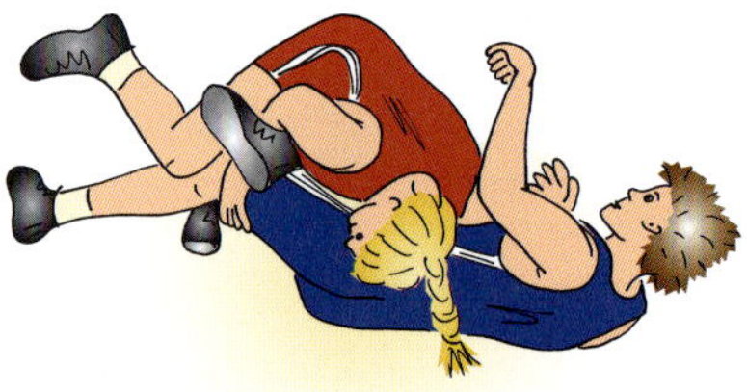

- *Nimm deine Hände weg und belaste den Partner mit deinem Oberkörper.*
- *Wenn du nun dein rechtes Bein hebst, kannst du ihn in der Rückenlage festhalten und schultern.*

Hier wendest du in einer Technik zwei Hebel an: Beindurchzug und Einsteigen!

9 Zange (F)

- *Ausgangssituation: Du kniest als* ***Hintermann*** *auf der rechten Seite und*
- *dein Partner ist in der* ***Bankstellung****.*
- *Lege die Hände auf die Schultern des Partners.*

- *Du greifst mit der rechten Hand über den Kopf des Partners.*
- *Mit der linken Hand greifst du durch seine Beine.*
- *Fasse deine beiden Hände zur* ***Zange****.*

- *So kannst du den Partner aus der Bankstellung in die Rückenlage hebeln.*

- *Lasse die Zange geschlossen.*
- *Mit deinem linken Bein hakst du dich in sein linkes Knie ein.*
- *Halte den Partner in der Rückenlage.*
- *Belaste ihn mit deinem Körpergewicht.*

Halte den Partner in dem Griff (Zange) fest. Hebe dein linkes Bein an, dann kannst du ihn gut schultern!

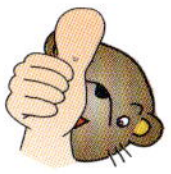

10 Wende mit Griff zur Hüfte (G)

- *Ausgangssituation: Du bist in der **Unterlage in Bankstellung.***
- *Der Partner kniet als Hintermann auf der linken Seite.*
- *Er umfasst mit beiden Armen deinen Körper.*

- *Jetzt hebst du dein rechtes Knie und*
- *greifst mit der rechten Hand an die **Hüfte** des Partners.*
- *Drehe dich und*
- *stelle deinen linken Fuß neben den Partner.*
- *Hebst du deine Hüfte an, wird der Arm des Partners gut belastet.*

- *Für die Wende belastest du den Oberkörper des Partners.*
- *So wechselst du in die Oberlage.*

- *Sichere deine Position.*
- *Umfasse dabei seinen Körper.*

Bei der Wende drehst du dich ganz eng am Partner, um in die Oberlage zu gelangen.

11 Wende mit Griff zum Oberschenkel (F)

- *Ausgangssituation: Du bist in der* ***Unterlage in Bankstellung.***
- *Der Partner kniet als Hintermann auf der linken Seite.*
- *Er umfasst mit beiden Armen deinen Körper.*

- *Jetzt hebst du dein rechtes Knie und*
- *greifst mit der rechten Hand an den rechten* ***Oberschenkel*** *des Partners.*
- *Drehe dich und*
- *stelle deinen linken Fuß neben den rechten Fuß.*

- *Du ziehst am Oberschenkel und*
- *belastest den Körper deines Partners so stark, dass er deine Wende nicht verhindern kann.*

- *Sichere deine Position in der Oberlage.*
- *Umfasse dabei seinen Körper.*

Beim Zug am Oberschenkel drückst du mit deinem Körper auf den Oberarm des Partners. So kann er die Wende nicht verhindern.

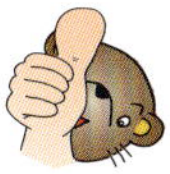

Bodenringen – Angriffe aus der Unterlage

12 Ausgrätschen (G/F)

- *Ausgangssituation: Du bist in der* ***Unterlage in Bankstellung.***
- *Der Partner kniet als Hintermann auf der linken Seite.*
- *Er umfasst mit beiden Armen deinen Körper.*

- *Jetzt hebst du dein rechtes Knie.*
- *Stelle deinen linken Fuß nach vorn parallel neben den rechten Fuß (Ausgrätschen).*

- *Drücke stark auf den Oberkörper deines Partners, damit er dein Ausgrätschen nicht verhindern kann.*
- *Strecke dabei deine Hüfte nach vorn.*
- *Drehe dich zum Partner.*

- *Sichere deine Position in der Oberlage von vorn.*
- *Dafür drückst du den Kopf deines Partners nach unten.*
- *Nun kannst du aus dieser Position deinen Kampf weiterführen.*

Nach dem Ausgrätschen hebst du deine Hüfte leicht an und belastest den Körper des Partners.

13 Abklemmer (G/F)

(Gegner in der Oberlage von hinten)

- *Ausgangssituation: Du bist in der* ***Unterlage in Bankstellung.***
- *Der Partner kniet als Hintermann auf der rechten Seite.*
- *Er umfasst mit seiner linken Hand deinen linken Oberam und*
- *mit seiner rechten Hand die Hüfte.*

- *Nun greifst du mit deinem rechten Arm sein rechtes Handgelenk und*
- *klemmst seinen Arm ein.*

- *Stelle deinen linken Fuß zur Seite.*
- *Nun wendest du dich zur Seite und drückst auf den Oberkörper des Partners.*

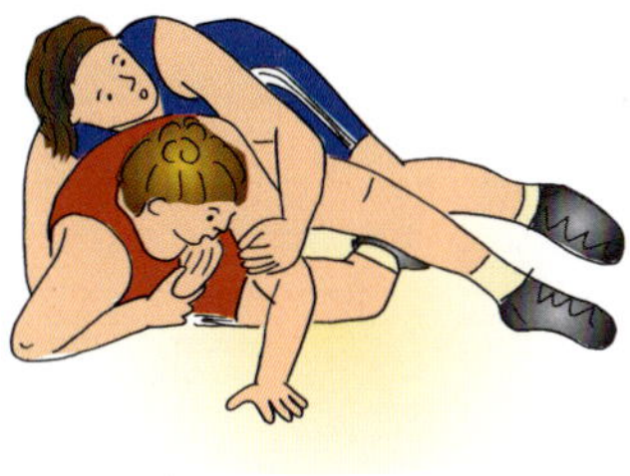

- *Drehe dich noch mehr und sichere so deine Position.*
- *Halte dabei weiter das Handgelenk des Partners fest.*
- *Drücke ihn mit deinem Oberkörper in die Rückenlage.*

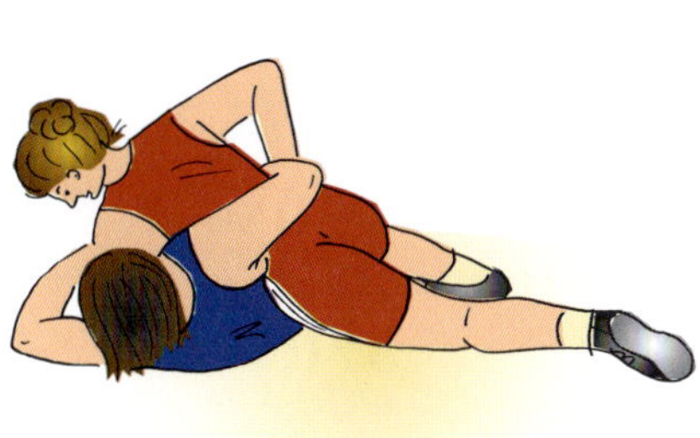

Halte das Handgelenk deines Partners immer gut fest!

.... 8 Das Wieselabzeichen für Ringer

Wer gut aufpasst und fleißig trainiert, hat auch eine Belohnung verdient! Du kannst die Prüfung für das Wieselabzeichen ablegen. Vielleicht hat euer Trainer die Wiesel-Urkunden für euch. Ist es dein eigenes Buch, kannst du dir auch diese Urkunden unterschreiben lassen und vielleicht auch ausschneiden und aufhängen.

Die Bedingungen für den ersten Teil Grundlagen

Du hast die **Ringergrundlagen** von den Seiten 39-71 geübt und kannst **aus jedem Bereich mindestens eine Übung** vorführen. Das sind 14 verschiedene Übungen, die du zeigen wirst.

Die Bedingungen für den zweiten Teil Techniken

Du hast schon **mindestens 10 Standtechniken** von den Seiten 76-97 und **mindestens 5 Bodentechniken** von den Seiten 98-111 erlernt und kannst sie vorführen. Die Techniken kannst du selbst auswählen und die Auswahl mit deinem Trainer besprechen. Es sollten Techniken aus allen Bereichen enthalten sein.

Vielleich fragst du dich: Wenn es das Wieselabzeichen gibt, muss es ja auch noch andere Abzeichen geben! Das ist richtig! In den nächsten Trainingsjahren wirst du noch viele weitere Techniken erlernen. Vielleicht auch mit unserem zweiten Buch „Ich trainiere Ringen".

Meine Planung für das Wieselabzeichen

Trage hier ein, welche Übungen du für die Grundlagen zeigen willst!

1 ______	2 ______
3 ______	4 ______
5 ______	6 ______
7 ______	8 ______
9 ______	10 ______
11 ______	12 ______
13 ______	14 ______

Wieselabzeichen Grundlagen

Möchte ich ablegen: ______

Habe ich erreicht: ______

Wieselabzeichen Technik

Möchte ich ablegen: ______

Habe ich erreicht: ______

Am besten, du schreibst mit Bleistift. So kannst du deinen Eintrag korrigieren, falls du dich noch umentscheidest!

URKUNDE

Teil 1

Grundlagen

Name des Ringers

ist fit in allen Ringergrundlagen
von „Ich lerne Ringen" S. 68/69
und hat mindestens eine Übung
aus jedem Bereich demonstriert.

Verein

Ort, Datum

Unterschrift Trainer

In manchen Vereinen dürfen die Sportler ihre Umkleide oder Halle verschönern. Solch ein Schriftzug könnte bei den Ringern stehen. Wähle hier die passenden Farben zum Ausmalen. Vielleicht hast du auch Lust, einen eigenen Entwurf zu machen.

URKUNDE

Teil 2

Techniken

____

Name des Ringers

hat 10 Standtechniken

und

5 Bodentechniken

der Grundausbildung erlernt und vorgeführt.

____

Verein

____________________ ____________________

Ort, Datum Unterschrift Trainer

TuS
Aldenhoven

. . . 9 Gemeinsam im Verein

Möchtest du das Ringen erlernen, brauchst du einen Verein. Dort findest du deine Übungspartner und kannst gemeinsam mit Gleichaltrigen trainieren. Erfahrene Trainer und Übungsleiter erklären dir die Techniken und helfen beim Üben. Zusammen habt ihr Spaß und, wenn du willst, kannst du bald an richtigen Wettkämpfen teilnehmen. Der Boden in der Sporthalle wird mit speziellen Matten ausgelegt, damit sich niemand verletzt.

Wie findest du einen Verein?

- Sind deine Eltern einverstanden, dann sucht einen Ringerverein in deinem Ort oder in deiner Wohnumgebung.
- Wenn du Glück hast, sind schon Familienmitglieder, Freunde oder Schulkameraden im Verein und sie nehmen dich einfach mal zum Training mit.
- Meistens haben Sportvereine Infotafeln, Schaukästen oder eine Homepage im Internet. Dort sind Telefonnummern oder Trainingszeiten veröffentlicht.
- Vereinbart einen Termin für das Probetraining. Schau in Ruhe, wie alles abläuft. Du lernst die Trainer und die anderen Kinder kennen und du siehst, wie trainiert wird. Natürlich ist erst einmal alles neu und fremd. Das ist ganz normal!
- Normale Sportkleidung, Hallenschuhe oder dicke Stoppersocken reichen am Anfang.
- Wenn es dir gefällt und der Trainer sagt, dass du für das Ringen geeignet bist, dann solltest du dich anmelden. Du wirst Mitglied im Verein und erhältst einen Mitgliedsausweis.

Mein erster Ringerverein

Hier lerne ich Ringen:

____

____

Mein erster Tag war am: ______________________________

Meine Trainer sind: ________________________________

Hier kannst du Fotos
von deinen Freunden einkleben!

Meine Freunde und Trainingskameraden

Auf dieser Seite kannst du alle deine Freunde in der Trainingsgruppe unterschreiben lassen!

Damit es allen Spaß macht

Zu Beginn wollen wir dir hier von einer merkwürdigen Sportgruppe erzählen. Erkennst du, was da los ist?

Was ist denn hier los?

Der Trainer hat schon mit dem Aufwärmen begonnen, da läuft Kai gleich in Stiefeln zur Gruppe und holt sich noch schnell den Schlüssel für den Umkleideraum. Tom kann nicht zur Begrüßung kommen, weil er seinen Apfel zu Ende isst und Pia und Jule schwatzen laut. Selim will nicht mit Paul üben, weil sein T-Shirt stinkt und Anne ist im Apfelsaft ausgerutscht, den Jan verschüttet hat ....

Kannst du dir vorstellen, dass das Üben in dieser Gruppe Spaß macht? Bestimmt nicht! Na ja, um ehrlich zu sein, haben wir uns diese Geschichte auch ausgedacht. So schlimm ist es nirgendwo! Oder steckt da doch vielleicht ein kleines bisschen Wahrheit drin?

Rituale im Training

Begrüßung

Zu Beginn der Trainingsstunde gehört es dazu, dass sich die Ringer und der Trainer begrüßen. Dazu finden sie sich im Kreis oder auf der Bank zusammen und besprechen, was an diesem Tag gelernt und geübt wird.

Mattenaufbau

Da meistens in der allgemeinen Sporthalle der Bereich für das Ringertraining erst aufgebaut werden muss, helfen alle mit. So geht es schneller und ihr habt viel mehr Zeit zum Üben.

Trainingskämpfe

Zu Beginn geben sich die Übungspartner gegenseitig die Hand. Das zeigt Höflichkeit und Respekt. So versprecht ihr euch auch gegenseitig, rücksichtsvoll und fair miteinander zu üben.

Gegenseitige Hilfe und gemeinsam Spaß haben ist wichtig!

Regeln müssen sein

Damit alle Kinder Freude am Üben haben und gut lernen können, gibt es für das Training Regeln. Überall, wo Ringen erlernt wird, gelten diese besonderen Regeln. Dein Trainer oder Übungsleiter wird sie mit euch in der Gruppe besprechen.

Alle Sportler achten darauf, dass die Regeln eingehalten werden. So haben auch alle Spaß am Üben.

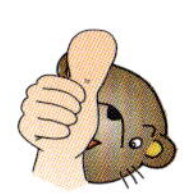

Wichtige Regeln

Damit das Training Spaß macht und alle etwas lernen, ist es ganz wichtig, sich an gemeinsame Regeln zu halten:

- Komme regelmäßig und pünktlich zum Training!
- Lege vor dem Training deinen Schmuck, Haarklammern und die Uhr ab, damit dein Partner sich nicht daran verletzen kann!
- Binde lange Haare zusammen, damit die Techniken gut ausgeführt werden können und dein Partner nicht belästigt wird!
- Komme mit sauberen Händen!
- Schneide deine Nägel kurz, damit niemand gekratzt wird!
- Wunden müssen mit Pflaster oder Verband abgedeckt sein!
- Erscheine immer mit sauberer Trainingskleidung oder Trikot!
- Betritt die Matte nur mit Socken oder Ringerschuhen!
- Behandle den Partner immer respektvoll wie einen Freund!
- Achte auf die Gesundheit und das Wohlergehen deines Partners!
- Nimm Rücksicht auf jüngere und schwächere Partner!
- Lasse dich nicht provozieren und zu unfairem Handeln verleiten!
- Freue dich nicht nur über eigene Siege, sondern auch über gute Aktionen deines Übungspartners!
- Beim Ruf: „Halt!", „Stopp!", oder beim Abklopfen durch den Partner musst du sofort deinen Griff lösen!
- Befolge die Anweisungen des Trainers!

Welche Regeln habt ihr außerdem noch? Schreibe sie auf den leeren Zeilen dazu!

Fair geht vor!

Der sportliche Gegner ist nicht dein Feind, sondern dein Partner! Ohne ihn kannst du nicht Ringen üben und auch keine Wettkämpfe machen.

Natürlich möchtest du beim Kämpfen gewinnen, den Partner zu Boden bringen, ihn schultern und festhalten. Dafür musst du Kraft aufwenden, flink und trickreich sein, sowie dich gegen seine Angriffe zur Wehr setzen. Achte dabei immer darauf, dass du nicht brutal vorgehst oder zu unfairen Mitteln greifst.

Erlaubt ist:	schieben, ziehen, Beinstellen, hebeln, greifen, fassen, festhalten, umstoßen, wälzen, ...
Nicht erlaubt ist:	kratzen, beißen, kneifen, an den Haaren ziehen, treten, ...

Wettkampfzeit

Die meisten Ringer freuen sich auf den Wettkampf. Sie wollen zeigen, was sie können, Freude haben und gewinnen! Doch jeder Ringer hat auch seine eigene Art, sich vorzubreiten. Er weiß, was ihm guttut und was eher stört.

- Meine Eltern sollen zuschauen. ☐
- Meine Eltern sollen nicht zuschauen. ☐

- Ich muss gut aufgewärmt sein. ☐
- Ich kann gleich anfangen. ☐

- Ich brauche Tipps vom Trainer. ☐
- Ich brauche keine Tipps. ☐

- Ich habe einen Glücksbringer. ☐
- Kein Glücksbringer. ☐

Was brauchst du für einen erfolgreichen Wettkampf? Wir haben hier einiges zum Ankreuzen aufgeschrieben. Auf die leeren Zeilen kannst du noch mehr dazuschreiben!

. . . . 10 Beim Wettkampf

Die Ringer haben Spaß, sich mit ihren Freunden in der Übungshalle zu treffen, neue Techniken zu erlernen und sich im gemeinsamen Kämpfen zu beweisen. Manchen reicht es, aber viele wünschen sich noch mehr. Sie wollen an Wettkämpfen teilnehmen und sich mit anderen Ringern messen. Deine Aktionen werden bewertet und du kannst am Ende als glücklicher Sieger aus dem Kampf gehen.

Siegen ist nicht alles – es ist aber der schöne Lohn für das viele Training! Freue dich über deinen Sieg, aber werde nicht überheblich!

Hat es noch nicht so geklappt, dann weißt du ja, was du im nächsten Training üben musst. Auch mit einem verlorenen Kampf kannst du viel gewinnen – du sammelst Erfahrungen!

So läuft ein Wettkampf ab

Kampfbeginn

- Die Ringkämpfer beginnen am Mittelkreis.
- Die Kämpfer geben dem Kampfrichter die Hand.
- Die Kämpfer geben sich gegenseitig die Hand.
- Der Kampfrichter pfeift den Kampf an.

Kampf

Innerhalb des Kampfs hören die beiden Ringkämpfer immer auf das Zeichen des Kampfrichters. Mit einem Pfiff unterbricht er den Kampf, was beide Sportler immer respektieren.

Kampfende

Der Kampfrichter hebt den Arm des Siegers nach oben. Anschließend geben sich beide Ringkämpfer noch einmal die Hand. Damit wird die Niederlage akzeptiert und es ist eine Anerkennung des Siegers.

Die „Stopp-Regel"

Wichtig im Training und auch im Wettkampf ist die Stopp-Regel. Wenn der Kampfrichter oder der Gegner „Stopp!" ruft, dann wird der Kampf abgebrochen. Es müssen sofort alle Aktionen gestoppt werden, weil es zu einer Situation gekommen ist, bei der sich einer der Kämpfer verletzen könnte.

Der Kari erklärt die wichtigsten Regeln

Wer der „Kari" ist? Das ist der Kampfrichter. Er leitet den Kampf, bewertet die Aktionen und, wenn es notwendig ist, muss er auch die Ringkämpfer ermahnen. Hier erklärt dir der internationale Kampfrichter Uwe Manz die wichtigsten Regeln.

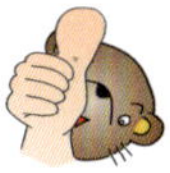

Der Ringkampf

Das Ziel des Ringers ist es immer, seinen Gegner auf beide Schultern zu legen. Wer dies schafft, ist Sieger des Kampfs. Dafür hat er zwei Runden mit jeweils zwei Minuten Zeit.

Wenn keiner der beiden Ringer einen Schultersieg erringen kann, dann wird derjenige Sieger, der mehr Punkte erkämpfen konnte. Bei einem Unentschieden entscheidet der Kampfrichter nach einer speziellen Regel, wer den Kampf gewinnt.

Der Kampfrichter vergibt während der beiden Runden für gelungene Techniken und Aktionen Punkte an die Ringer. Der Ringer mit den meisten Punkten aus beiden Runden gewinnt den Kampf.

Der Schultersieg

Beim Schultersieg liegt der Gegner mit beiden Schultern auf der Matte und der Ringer muss ihn dabei festhalten. Der Kampfrichter zeigt den Schultersieg an, indem er mit der flachen Hand auf die Matte klopft und einen Ton mit der Pfeife abgibt. Jetzt ist der Kampf beendet.

Die Punktwertung

Der Kari zeigt die Wertungspunkte für die Techniken und Aktionen mit seiner Hand an. Er hat am linken Arm eine rote und am rechten Arm eine blaue Binde. Wenn er die Punktwertung mit erhobenem Arm anzeigt, kann jeder sehen, für wen diese Wertung zählt.

1 Punkt Techniken im Standringen, z. B. wenn man seinen Gegner ins Mattenaus drängt.

2 Punkte Techniken im Standringen, z. B. wenn man seinen Gegner in die Bodenlage überführt. Auch beim Wälzen in der Bodenlage, wenn der Gegner über die Schulter oder in die Brücke gerollt wird, werden zwei Punkte vergeben.

Ein Punkt für den Ringkämpfer im blauen Trikot.

Zwei Punkte für den Ringkämpfer im roten Trikot.

Der Sieger

Dem Sieger wird der Arm gehoben. So wird für alle deutlich, wer den Kampf gewonnen hat.

4 Punkte

Besondere Techniken im Standringen werden mit vier Punkten bewertet, z. B. der „Achselwurf". Dabei wird der Gegner über den Rücken gerollt bzw. geworfen.

5 Punkte

Besonders spektakuläre Würfe im Standringen werden mit fünf Punkten belohnt. Diese Techniken sind aber in der Grundausbildung noch nicht vorgesehen. Du musst erst viele andere Techniken beherrschen, bis du solche Würfe kennenlernst.

Gewichtsklassen und Wettkampfzeit

Auch ein kleiner, leichter Ringer hat gute Chancen, einen größeren Angreifer auf die Matte zu legen. Trifft er aber auf einen großen, kräftigen Ringer, der auch die Techniken erlernt hat, dann hat er wohl kaum Chancen.

Jungen

Wettkämpfe	Alter	Gewichtsklassen	Wettkampfzeit
E-Jugend U8	*6-8 Jahre*	*Höchstens 10 Gewichtsklassen (kg) werden nach dem Wiegen festgelegt.*	*2 x 2 min mit 30 s Pause (15 Siegpunkte)*
D-Jugend U10	*9-10 Jahre*	*Höchstens 10 Gewichtsklassen (kg) werden nach dem Wiegen festgelegt.*	*2 x 2 min mit 30 s Pause (15 Siegpunkte)*
C-Jugend U12	*11-12 Jahre*	*Höchstens 10 Gewichtsklassen (kg) werden nach dem Wiegen festgelegt.*	*2 x 2 min mit 30 s Pause (15 Siegpunkte)*
B-Jugend U14	*13-14 Jahre*	*10 Gewichtsklassen (kg) bis 35, -38, -41, -44, -48, -52, -57, -62, -68, -80*	*2 x 2 min mit 30 s Pause (15 Siegpunkte)*
Schüler-mannschaft	*10-14 Jahre*	*8 Gewichtsklassen (kg): bis 33, -37, -41, -46, -51, -58, -67, -80*	*2 x 2 min mit 30 s Pause (15 Siegpunkte)*

Deshalb gibt es für die Wettkämpfe eine Einteilung in Gewichtsklassen. So ist es für alle fair. Auch die Wettkampfzeit wird an das Alter der Ringkämpfer angepasst. Bei kleineren Turnieren entscheiden häufig die Trainer der Vereine, in welchen Gewichtsklassen und Gruppen gestartet wird. Sie richten sich dann nach den Teilnehmern!

Mädchen

Wettkämpfe	Alter	Gewichtsklassen	Wettkampfzeit
Weibliche Schüler U 12	*6-12 Jahre*	*die Gewichtsklassen (kg) werden nach dem Wiegen festgelegt.*	*2 x 2 min mit 30 s Pause (15 Siegpunkte)*
Weibliche B-Jugend U14	*13-14 Jahre*	*7 Gewichtsklassen (kg) bis 35, -38, -42, -47, -52, -58, -66*	*2 x 2 min mit 30 s Pause (15 Siegpunkte)*
Weibliche A-Jugend U17	*15-17 Jahre*	*10 Gewichtsklassen (kg) bis 40, -43, -46, -53, -57, -61, -65, -69, -73*	*2 x 2 min mit 30 s Pause (10 Siegpunkte)*

Die aktuellsten Informationen findest du auf der Internetseite der Ringerjugend www.ringerjugend.de.

Meine Kämpfe

Auf diesen Seiten kannst du deine Kämpfe eintragen. Willst du die Übersicht länger führen, dann lege dir ein Wettkampfheft an.

Name des Gegners	Ort	Datum

In die große Spalte kannst du schreiben, was dir toll gelungen ist und was noch nicht so geklappt hast. Vielleicht willst du dir auch Notitzen zum Gegner machen.

Ergebnis	Notizen

Wettkampfergebnisse

Auch wenn das Ringen viel mehr ist, als nur Medaillen und Titel zu sammeln, möchtest du im Wettkampf gewinnen. Es ist interessant und macht auch Spaß, immer die Ergebnisse aufzuschreiben.

Wettkampf/Datum	Platzierung

Auf diesen Seiten kannst du diese eintragen.

Wettkampf/Datum	Platzierung

Quiz für Ringer

Wir haben dir zu jeder Frage vier mögliche Antworten aufgeschrieben. Aber nur eine der vier Antworten ist richtig. Kannst du sie finden?

1 *Was gehört nicht zu den Kampfsportarten?*

A *Judo*
B *Fechten*
C *Boxen*
D *Fußball*

2 *Wie heißt der Ringeranzug?*

A *Kampfdress*
B *Judogi*
C *Anzug*
D *Trikot*

3 *Welche Farbe gibt es auf der Ringermatte nicht?*

A *Grün*
B *Rot*
C *Gelb*
D *Blau*

4 *Welchen Stil gibt es beim Ringen?*

A *Deutsch-italienisch*
B *Griechischer Freistil*
C *Griechisch-römisch*
D *Freier römischer Stil*

Die richtigen Antworten findest du auf den Auflösungsseiten!

5 *Wer leitet einen Ringkampf?*

A Lehrer

B Kampfrichter

C Schiedsrichter

D Mattenchef

6 *Welche Technik gibt es im Ringen nicht?*

A Rumschlüpfer

B Rumreißer

C Durchschlüpfer

D Runterreißer

7 *Wie sollte ein Ringer nicht sein?*

A Respektvoll

B Selbstbewusst

C Wütend

D Mutig

8 *Was will der Ringer erreichen?*

A Beineln

B Köpfeln

C Ärmeln

D Schultern

1 *Hilfe, ich habe mich verlaufen!*

Stelle dir vor, Fritz war beim letzten Turnier in einer anderen Stadt und in einer fremden Halle. Er wollte nur noch mal schnell auf die Toilette und hat dann den Weg zurück nicht mehr gefunden. Kannst du erkennen, wie er laufen müsste?

2 *Welches Lebensmittel solltest du öfter am Tag und bei Appetit zwischendurch essen? Streiche alle L, Y, M, A, E, I und D durch und lies die verbleibenden Buchstaben.*

L	O	I	A	M	E	Y	I	L	A	E
M	E	L	M	B	D	E	S	D	I	Y
Y	A	D	D	L	I	Y	M	A	T	E

Dieser Sportler hat richtig Hunger nach dem Training. Am liebsten würde er alles auf einmal essen und trinken. Was würdest du ihm empfehlen? Streiche durch, was nach deiner Meinung nicht so gesund ist!

11 Fit und gesund

Die meisten Menschen, die Sport treiben, wollen dabei Spaß und Erfolg haben. Daneben ist aber ein wichtiges Ziel, seinen Körper fit und gesund zu halten. Sportler achten daher auf eine gesunde Lebensweise.

Richtiges Essen

Wer Sport treibt, rennt, springt und kämpft, verbraucht viel Energie. Deshalb schmeckt es nach den Trainingsstunden am besten – weil man Hunger und Durst hat und für Energienachschub sorgen muss!

Fast alle Kinder essen gerne Schokoriegel, Chips, Pommes und Pizza. Das ist nun nicht gerade die beste Sportlermahlzeit – vor allem, wenn man diese Dinge in großen Mengen und zu oft isst. In solchen Nahrungsmitteln ist zu viel Fett enthalten.

Die bessere Mahlzeit für Sportler ist Vollkornbrot mit Käse, Nudeln, Obst und Joghurt. Es gibt eine Menge Nahrungsmittel, die gesund sind und auch schmecken. Versuche, dich abwechslungsreich und maßvoll zu ernähren.

Wer schwitzt, muss regelmäßig trinken

Wenn du im Training und beim Sporttreiben schwitzt, dann ist deine Sportkleidung oft ganz nass und du siehst die Schweißtröpfchen auf deiner Haut. Schwitzen ist nicht schlimm – sogar sehr gesund. Doch diese Flüssigkeit, die du beim Schwitzen verlierst, fehlt nun deinem Körper. Du musst also jetzt viel trinken, damit dein Körper wieder genug Flüssigkeit hat.

Dein Trainer oder Übungsleiter wird Trinkpausen einplanen, wenn du geschwitzt hast.

Durstlöscher

Reine Säfte, Limo oder Cola sind als Flüssigkeitsersatz nicht geeignet. Sie enthalten zu viel Zucker.

Die besten Durstlöscher sind:

- Wasser, Mineralwasser ohne Kohlensäure,
- Fruchtsaftmischungen (also Saft mit Wasser verdünnt),
- Kräutertee oder Früchtetee (auch mit Honig gesüßt).

Wenn du durstig bist und trinkst, dann achte darauf, dass du nicht zu hastig trinkst. Besser sind öfter kleine Schlucke. Pass auf, dass du dir nicht den Magen vollpumpst und du dich dann kaum noch bewegen kannst!

Hygiene ist wichtig

Beim Ringen kommst du allen Übungspartnern und Gegnern körperlich sehr nah. Da du aber nicht mit starkem Körpergeruch, klebrigen Fingern und kratzenden Fußnägeln deinen Gegner in die Flucht schlagen willst, ist Körperhygiene sehr wichtig.

Für jeden Sportler ist es selbstverständlich, dass er sich nach dem Training oder dem Wettkampf duscht und seine Kleidung wechselt. Beim Ringen kommst du aber schon zum Sport frisch und sauber. So drückst du deinen Respekt vor dem Partner aus.

Darauf musst du achten

- Die Hände sind sauber und die Nägel kurz geschnitten.
- Betritt die Matte nur mit sauberen Socken oder Ringerschuhen. Die Schuhe werden nicht auf der Straße getragen.
- Dein Körper ist sauber, trocken und riecht nicht.
- Binde lange Haare zusammen, damit sie dem Partner nicht im Gesicht hängen und beim Kämpfen nicht stören. Trage keinen spitzen Haarschmuck.
- Lege allen Schmuck und die Uhr ab. Entferne Ohrringe, da auch Abkleben kein sicherer Schutz vor dem schmerzhaften Ausreißen ist.
- Deine Trainingskleidung oder dein Trikot ist sauber, trocken und hat keine kratzenden Reißverschlüsse oder Schnallen.

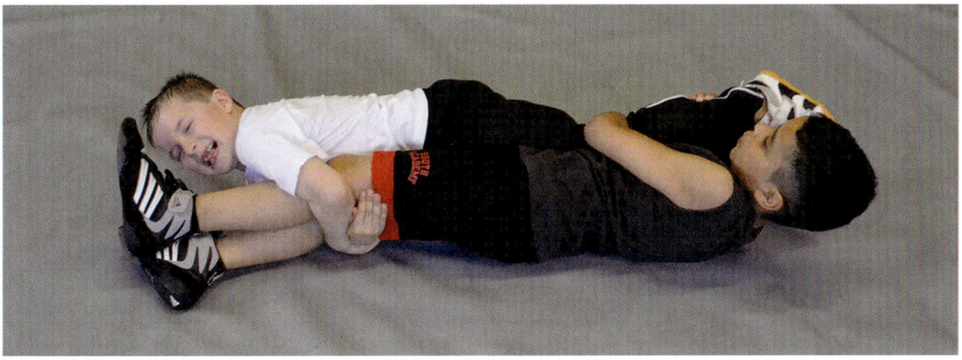

Vergiss das Aufwärmen nicht!

Sicher wird dein Trainer immer zu Beginn des Trainings eine Aufwärmzeit einplanen.

Es ist wichtig, dass durch verschiedene Übungen deine Muskeln warm, locker und geschmeidig werden. So schützt du dich vor Verletzungen.

Zum Aufwärmen kannst du laufen oder leichte Sprungübungen machen.

Schwinge oder kreise dabei die Arme.

Seilspringen

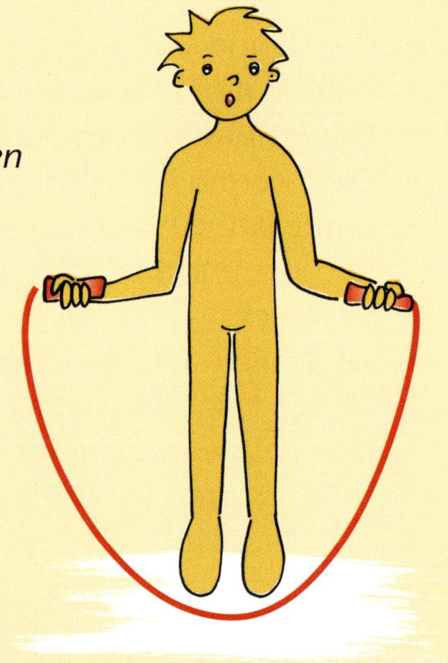

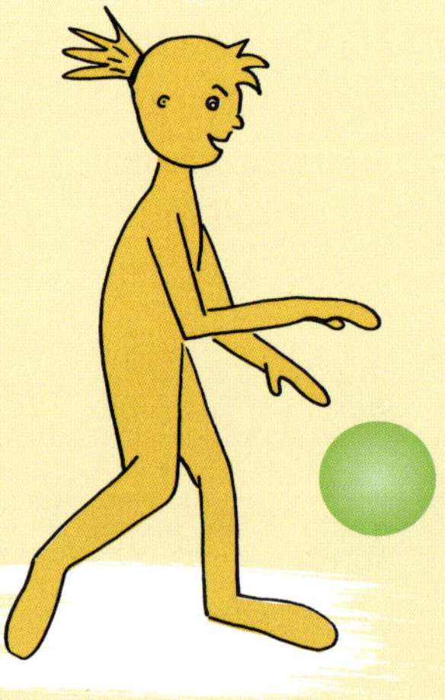

Alle Ballspiele bringen dich gut in Schwung: z. B. Basketball, Fußball, Zweifelderball.

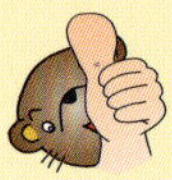

Auch wenn du Übungen daheim ausführst oder mit deinen Freunden übst – vergiss das Aufwärmen nicht!

Strecke dich ganz hoch und stehe dabei auf den Zehenspitzen – so, als ob du Äpfel pflücken willst.

Nun gehst du mit gestreckten Beinen nach unten – so, als ob du die Äpfel in den Korb legst.

Stütze die Hände in die Hüften und drehe den aufrechten Oberkörper nach links und rechts.

Lege dich flach auf den Rücken und drücke das Becken nach oben.

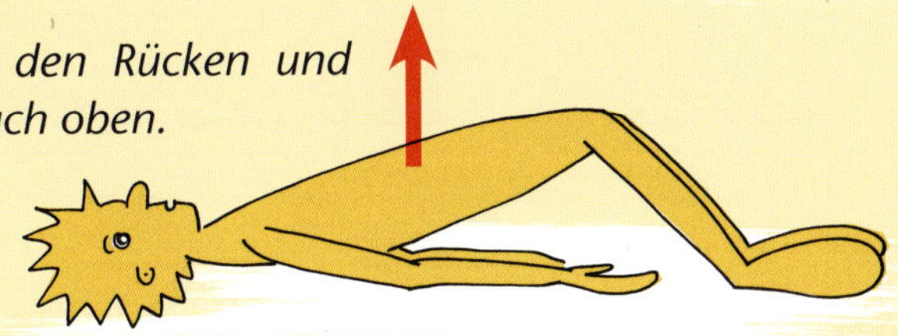

Beuge deinen Oberkörper nach rechts und nach links.

Meine Aufwärmübungen

Viele Trainer lassen ihre Ringer auch einmal selbstständig die Aufwärmübungen durchführen. Wie könnte dein Programm aussehen, wenn du an der Reihe bist? Hier kannst du den Ablauf festlegen und dir von den Übungen Skizzen machen.

Achte darauf, dass der gesamte Körper gut auf das Training vorbereitet ist!

TÜRK
TELEKOM
bwin

... 12 Auflösungen

S. 15 **Einige weitere Kampfsportarten:**
Boxen, Fechten, Judo, Karate, Taekwondo.

S. 32

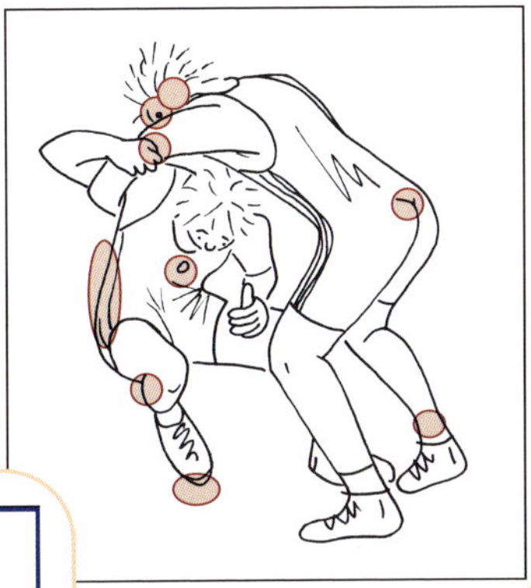

S. 54 **Die Nummer 3 tritt zum Kampf an.**

W	I	E	G	E	N
S	I	E	G	E	N
S	I	N	G	E	N
R	I	N	G	E	N

S. 138/139 **Ringerquiz**

1	D	**5**	B
2	D	**6**	A
3	A	**7**	C
4	C	**8**	D

S. 140 **Wie findet das Wiesel Fritz den Weg zurück zur Halle?**

Welches Lebensmittel solltet du öfter am Tag und bei Appetit zwischendurch essen?

L	O	I	A	M	E	Y	I	L	A	E
M	E	L	M	B	D	E	S	D	I	Y
Y	A	D	D	L	I	Y	M	A	T	E

. . . . 13 Auf ein Wort

Wäre das ein Buch für Erwachsene, würden diese Seiten an die Eltern und an die Trainer natürlich ganz am Anfang, also als Vorwort, erscheinen. Da es aber ein Buch für Kinder ist, stellen wir dieses Kapitel ans Ende, sozusagen als Anhang.

Unsere jungen Ringer sind zum überwiegenden Teil Grundschüler, die im Umgang mit Büchern noch nicht so geübt sind. Am Anfang brauchen sie unbedingt noch die Unterstützung der „Großen", die ihnen beim Zugang zum Buch helfen.

Am besten beginnt man mit dem Durchblättern des Buches, der Betrachtung der Bilder und dem Ausfüllen und Eintragen. Dieses Buch muss nicht zwingend von Anfang bis Ende durchgelesen werden, sondern lässt sich bestimmt gut zum Nachschlagen und als ganz persönliches **Ringertagebuch** verwenden.

Für dieses Anfängerbuch haben wir uns entschieden, 20 Techniken zum Standringen und 13 Techniken am Boden aufzunehmen. Das entspricht der Altersgruppe der Grundschüler. Zudem gibt es viele Infos rund um das Ringen, die ein Anfänger (und bestimmt auch seine interessierten Eltern oder Großeltern) in den ersten Trainingsjahren haben sollten.

Viel Spaß beim gemeinsamen Lesen!

Liebe Eltern,

Wir wünschen uns, dass sich unsere Kinder zu selbstbewussten, starken und klugen Persönlichkeiten entwickeln. Sie sollen sich durchsetzen können, aber auch rücksichtsvoll mit anderen umgehen.

Ringen ist ein Sport für Jungen genauso wie für Mädchen. Dieser Sport bietet nicht nur für die großen Starken und Selbstbewussten eine Chance, sondern auch die kleineren, etwas schwächeren und zurückhaltenderen Kinder erkennen ihre Möglichkeiten. Kulturelle Unterschiede und sprachliche Probleme lassen sich leichter überwinden. Mit Ringen kann schon im Vorschulalter begonnen werden. Mit viel Spaß und allgemeinen Sportübungen wird langsam an die spezielle Ringertechnik herangeführt.

Die Kinder lernen, beim freien Kämpfen mit Erfolg und Misserfolg umzugehen. Auch Eigenverantwortung will gelernt sein. Nach und nach kümmern sich die Ringer selbst um den Zustand der Kleidung und achten auf Pünktlichkeit und Regelmäßigkeit beim Training und Wettkampf. Bestärken Sie Ihr Kind beim Üben und Trainieren.

Helfen Sie, aber mit Umsicht!

Stellen Sie nicht zu hohe Erwartungen an Ihr Kind. Das Wichtigste ist die Freude am Sport und am gemeinsamen Üben mit anderen Kindern. Übertriebener Ehrgeiz wäre nur schädlich. Vergleichen Sie es nicht mit Gleichaltrigen, denn die biologische Entwicklung kann gerade in diesem Alter noch sehr unterschiedlich sein. Orientieren Sie sich bitte an Ihrem eigenen Kind und loben Sie seine Fortschritte. Ihr Kind wird es Ihnen danken.

Unterstützung durch die Eltern

Auch im Ringen ist die Unterstützung der Eltern gefragt. Ob es nun die Organisation der Trainingskleidung ist, die Fahrten zum Training oder die Begleitung bei Wettkämpfen. Manche Eltern haben auch Spaß am gemeinsamen Üben daheim. Wenn Ihr Kind Wettkämpfe bestreitet, dann werden manche Wochenenden der Familie durch die Wettkampftermine bestimmt.

Doch was gibt es Schöneres, als seinen eifrigen, kleinen Ringer zu sehen, der sich unbändig über eine gelungene Aktion oder gar über den Sieg freut? Oder, wie viel Vertrauen und Innigkeit erleben Eltern und Kinder, wenn wegen einem schlechten Wettkampf oder einer Niederlage getröstet werden muss? Freuen Sie sich, dass Ihr Kind regelmäßig Sport treibt. Gleichgültig, ob aus Ihrem Kind mal ein international erfolgreicher Ringer wird oder ob es „nur" Spaß am Sport und der Gemeinschaft hat. Werte, die im Ringen vermittelt werden, prägen ein Leben lang.

Genießen Sie den Wettbewerb und haben Sie Freude an der immer besser werdenden Technik und dem sportlichen Ehrgeiz Ihres Kindes. Spornen Sie die Kinder an und freuen Sie sich über erfolgreiche Aktionen. Fachliche Zurufe durch die Eltern sind für die Kinder jedoch irritierend. Die Kinder sollen selbst entscheiden und für technische Hinweise ist der Trainer zuständig.

In diesem Kapitel haben wir die Eltern angesprochen. Aber wir wissen natürlich, wie viele Großeltern sich um das Wohl ihrer Enkel kümmern, sie zum Training begleiten und bei Wettkämpfen unterstützen. Liebe Omas und Opas – bitte fühlen Sie sich genauso angesprochen!

Liebe Trainer und Übungsleiter,

sicher werden Sie uns recht geben, es ist schon ein tolles Gefühl, wenn man die Knirpse mit ihren gespannten Gesichtern und ihren erwartungsvollen Augen vor sich sieht. Nun liegt es in Ihren Händen, sie mit dem Ringen vertraut zu machen.

Doch jedes Kind ist anders. Da gibt es die Großgewachsenen und die Kleinen, die Selbstbewussten und die Ängstlichen, die Fleißigen und die nicht so Fleißigen, die Talentierten und die nicht so Talentierten. Jedes

Das sollte ein Ringertrainer für die Kinder haben

Kind ist eine eigene kleine Persönlichkeit mit ganz individuellen Voraussetzungen und eigener Entwicklungsgeschichte, mit Wünschen und Hoffnungen, mit Befindlichkeiten und Nöten. Allen gleichermaßen gilt unsere Aufmerksamkeit. Kinder wollen aktiv sein, sich bewegen und Freude haben. Vor allem in der Gruppe können sie sich mit Gleichaltrigen messen und sich gegenseitig anspornen.

Der junge Sportler selbst ist das Wichtigste im Lehr- und Lernprozess. Das Kind, mag es noch so jung und völliger Anfänger sein, ist immer Subjekt seiner eigenen Entwicklung, niemals nur Objekt unserer Beeinflussung. Geben Sie ihnen also genügend Hinweise und Möglichkeiten für ihre eigene Entfaltung. Fördern und nutzen Sie die Selbstständigkeit Ihrer kleinen Ringer. Gehen Sie den Weg vom Anweisen zum Anregen. Die Kinder sollen und müssen nicht, sondern sie können und dürfen.

Der Nutzen dieses Buches

Der Nutzen wird ganz wesentlich davon abhängen, wie Sie es in die Ausbildung mit einbeziehen. Es ist speziell für Kinder geschrieben, die mit dem Ringen beginnen. Es kann aber ebenso gut Eltern empfohlen werden, die ihr Kind auf diesem Weg begleiten möchten. Das Buch orientiert sich an den Bedürfnissen der Kinder und soll ihnen helfen, sich auch außerhalb des Trainings mit ihrem Sport zu beschäftigen. Es wird Ihren Erklärungen und Demonstrationen besser folgen können. Die Kinder können Erlerntes in Ruhe nachlesen, Ziele und Lernfortschritte eintragen, und sie erhalten Anregungen für das Üben zu Hause und mit anderen Kindern. Dadurch wird die Fähigkeit zum selbstständigen Handeln entwickelt und der Lernprozess beschleunigt.

Es werden Voraussetzungen geschaffen, dass die Kinder selbst schrittweise über ihr Üben und Lernen nachdenken, ihre Bewegungen, Handlungen und letztlich ihr Verhalten kontrollieren und bewerten. Sie werden zum Partner des Übungsleiters und Trainers. Wir möchten, dass die Kinder gern zum Training kommen und mit Erfolgserlebnissen nach Hause gehen. So hat natürlich auch der Trainer Freude an den Übungsstunden.

Das Buch im Training

Das Buch ist der persönliche Begleiter beim Lernen. Geben Sie den Kindern das Logo des Vereins und machen Sie ein Foto zum Einkleben in das Buch. Das erhöht das Bindungsverhalten zu Ihnen, zur Gruppe und zum Verein. Lesen Sie am Anfang Abschnitte gemeinsam und erklären Sie den Kindern, wie die Bilder und Zeichnungen zu betrachten und zu verstehen sind. Machen Sie Eintragungen zu Zielen, Hinweisen usw. gemeinsam. Sie schaffen bei den Kindern damit wichtige Orientierungshilfen zum Verstehen und zum selbstständigen Üben. Mithilfe des Buches könnten Sie auch kleinere Hausaufgaben zum nächsten Training aufgeben.

Wir wünschen viel Spaß und Freude
und natürlich auch sportliche Erfolge
mit Ihren Schützlingen.

Erklärungen vom „Ringerdoc"

Was macht Ringen so besonders?

Beim Ringen werden Koordination und Kondition mit einer Vielfalt an körperbildenden Übungen, Spielen und den Kampfformen ausgebildet. Die Muskeln und Gelenke erhalten positive Belastungs- und Entwicklungsreize. Im Vordergrund steht Fairness gegenüber den anderen und der Spaß beim Training und in Wettkämpfen. Es gibt kaum eine Sportart, in der motorische Grundfertigkeiten so vielseitig ausgebildet werden können. Nach dem anstrengenden Tag in der Schule ist das Ringen in der Trainingsgruppe eine willkommene Abwechslung. Die Kinder können gemeinsam mit den Freunden Sport treiben und sich mal so richtig auspowern.

Kann man sich beim Ringen wehtun?

Im Vergleich zu vielen anderen Sportarten (z. B. den Spielsportarten) besteht eine deutliche Reduzierung von Verletzungsmöglichkeiten. Die Anerkennung von Fairness und die Einhaltung der Regeln in der Gruppe und mit dem Partner sind grundlegende Festlegungen in dieser Sportart. Die Trainer, Betreuer und Kampfrichter sind speziell auf die Einhaltung der Regeln geschulte Fachleute. Sie unterbinden Handlungen, die zu Schmerzen und Verletzungen der Sportler führen können. So sind das Training und die Wettkämpfe sicher.

Dr. Theo Steinacker

Ehemaliger Vorsitzender der Ärztekommission des Deutschen Ringer-Bundes

..... Literaturnachweis

Barth, K. (2001-2008). *Kindersportbuch-Reihe: Ich lerne .../Ich trainiere ...* Aachen: Meyer & Meyer Verlag.

Barth, K. & Ruch, L. (2013). *Ich trainiere Ringen.* Aachen: Meyer & Meyer Verlag.

Jäger, K. & Oelschlägel, G. (1974). *Kleine Trainingslehre.* Berlin: Sportverlag.

Landessportbund & Sportjugend NRW. (2002). *Ringen und Kämpfen – Zweikampfsport. Handreichung für Schulen der Primarstufe und Sekundarstufe I.* Aachen: Meyer & Meyer Verlag.

Ruch, L. et al. (2014). *Die Techniken im Ringen.* Aachen: Meyer & Meyer Verlag.

Ruch, L. (2012). *Leistungstraining Sport – Ringen. Kinder und Jugendliche im Leistungssport Band 12, 3., korrigierte und erweiterte Auflage.* Wiebelsheim: Limpert Verlag GmbH.

.... Bildnachweis

Titelgestaltung:	Sabine Groten, 3. überarbeitete Auflage: Katerina Georgieva
Zeichnungen:	Katrin Barth, S. 16 nach Bengtson, H. (1970) Die Olympischen Spiele in der Antike, 2. Auflage. Zürich,
Titelfoto:	Christian Gaier
Fotos (Innenteil):	Sali Avci, ASC Röthenbach, Berndt Barth, Katrin Barth, Jörg Richter, Andrej Ruch, Karl-Heinz Ruch, Lothar Ruch, Frank Stäbler, Miriam Steiner, Matthias Stich, Tom Weller, Reinhard Wienandi, Rifat Yildiz, Thomas Zander
Satz & Layout:	Katrin Barth, Bearbeitung 3. Auflage: Katrin Barth und Katerina Georgieva
Lektorat:	Dr. Irmgard Jaeger

Siegerpokal S. 17 hergestellt von „Herend-Porzellanmanufaktur", Ungarn, Privatbesitz

Die Autoren

Katrin Barth ist ausgebildete Lehrerin mit langjähriger Berufserfahrung und Herausgeberin der erfolgreichen Sportbuchreihe für Kinder und Jugendliche „Ich lerne .../Ich trainiere". Neben der Zusammenstelung der Inhalte und den altersgerechten Texten erstellt sie auch die Illustrationen und das Layout.

Lothar Ruch war selbst erfolgreicher Ringer im griechisch-römischen Stil. Durch seine Arbeit als Diplomsportlehrer und Bundestrainer verfügt er über eine lange Erfahrung in der Jugendarbeit und Trainingsgestaltung im Vereins-, Schul- und Breitensport sowie im Leistungssport. Als langjähriger Bundestrainer erreichte er mit seinen Sportlern viele Medaillen und Titel bei Europa- und Weltmeisterschaften sowie den Olympischen Spielen. Über viele Jahre war er der verantwortliche Bildungsreferent und Wissenschaftskoordinator beim Deutschen Ringer-Bund und Ausbilder an der Trainerakademie Köln.

Abonnieren Sie unseren kostenlosen Newsletter unter **www.dersportverlag.de**

ICH TRAINIERE RINGEN

152 Seiten, 50 Bilder, 170 Abb., 2 Tab.,
4c, Paperback, 16,5 x 24 cm

ISBN 978-3-89899-787-4
€ [D] 14,95/ € [A] 15,40

RINGEN UND KÄMPFEN

184 Seiten, 168 Bilder,
4c, Paperback, 14,8 x 21 cm

ISBN 978-3-89899-155-1
€ [D] 18,95/ € [A] 19,50

* Preisänderungen vorbehalten und Preisangaben ohne Gewähr! © AdobeStock

MEYER & MEYER VERLAG

MEYER & MEYER
Fachverlag GmbH
Von-Coels-Str. 390
52080 Aachen

Telefon	02 41 - 9 58 10 - 13
Fax	02 41 - 9 58 10 - 10
E-Mail	vertrieb@m-m-sports.com
Webseite	www.dersportverlag.de

Unsere Bücher erhalten Sie online oder bei Ihrem Buchhändler.